IRLAND

Andreas Scheuermann

IRLAND

KOMET

Covermotiv:
Typisch irische Viehweiden am „Slea Head" auf der Halbinsel Dingle.

Frontispiz:
Die natürliche Aussichtsplattform an den Cliffs of Moher bei Doolin, darüber „O'Briens Tower", ein Wachturm der 1835 von Sir Cornelius O'Brien errichtet wurde.

Seite 6 und 7:
Doonagore Castle bei Doolin im County Clare an der Südwestküste Irlands mit herrlichem Blick auf den Atlantik.

www.komet-verlag.de
Gesamtherstellung: KOMET Verlag GmbH, Köln
Producing: JUNG MEDIENPARTNER GmbH, Limburg

ISBN 978-3-89836-849-0

Geschichte und Entwicklung

VON DER STEINZEIT ...

Als am Ende der großen Eiszeit im Paläolithikum vor rund 10.500 Jahren die letzten Gletscher verschwanden, gaben sie im Nordwesten Europas Zug um Zug eine Insel frei, die den Menschen der Steinzeit wie ein unendlich grünes Paradies erschienen sein musste. Über damals noch bestehende Landverbindungen nach Schottland hat vermutlich bereits zwischen 9000 und 8000 vor Christus die Besiedlung Irlands begonnen. Spuren der Steinzeitbewohner lassen sich bis in das siebente vorchristliche Jahrtausend zurückverfolgen. Vom Norden aus durchstreiften sie als Jäger, Fischer und Sammler das weite Land, von der Britischen Insel mehrte ein beständiger kleiner Zustrom an Menschen die Population. Ab dem fünften vorchristlichen Jahrtausend wurden die Menschen sesshaft. Die ersten archäologisch nachgewiesenen Behausungen waren einfache Hütten aus Lehm und Flechtwerk. Mit Werkzeugen aus Stein gewann man der dicht bewaldeten Insel Raum für Siedlung, Ackerbau und Viehzucht ab. Über die

Bei der Ortschaft Cliffony, rund 30 Kilometer nördlich der Stadt Sligo, findet man die steinzeitliche Grabanlage Creevykeel. Das rund 18 Meter lange Oval war ursprünglich von einem Erdhügel bedeckt, der Zugang erfolgte über den Portaldolmen.

Kultur der Steinzeitmenschen in Irland ist wenig bekannt. Mit ihren eindrucksvollen Grabstätten üben sie allerdings bis heute eine ergreifende Faszination auf uns aus. Der „Poulnabrone-Dolmen" im County Clare stammt aus dem vierten Jahrtausend vor Christus und ist eine der ältesten erhaltenen Grabstätten aus der megalithischen Periode. Auch in Form von Stollen unter Steinhügeln wurden Grabstätten angelegt, in der Bronzezeit ab dem zweiten vorchristlichen Jahrtausend kamen auch in Irland Steinkreise als Kultstätten in Gebrauch, wie zum Beispiel die „Pipers Stones" bei Athgreany in den Hügeln der Grafschaft Wicklow.

Megalithe und Dolmen
Der Name der megalithischen Epoche leitet sich aus dem Griechischen ab, das Wort Megalith bedeutet übersetzt „großer Stein". In ganz Europa haben uns die megalithischen Kulturen bestaunenswerte Zeugnisse ihres Daseins hinterlassen. Die oft tonnenschweren Objekte und Installationen dienten als Grabstätten, als Gerichtsstätten oder für astrologische Zwecke. Die in Irland häufig anzutreffenden Dolmen dienten als Grabstätten. Das Wort entstammt dem Bretonischen und bedeutet so viel wie „Tisch aus Stein". Auf mehrere senkrecht gestellte Säulensteine wurde dabei eine Steinplatte gelegt. Die komplette Installation wurde mithilfe aufgeschütteter Erdwälle errichtet. Häufig wurden die Dolmen dann auch mit einem Erdhügel umgeben, bis der Wind im Laufe der Zeit die atemberaubenden Monumente für die Nachwelt wieder freilegte.

... ZUR KELTISCHEN BLÜTE

Vermutlich um 700 vor Christus tritt erstmals das Volk auf der Insel in Erscheinung, welches Irland für alle Zeiten prägen wird und in kaum einem anderen Land bis heute so gegenwärtig ist: die Kelten. Zu jener Zeit verbreiten sich die zur indoeuropäischen Sprachfamilie gehörenden Kimmerier, wie man das Volk bei den Griechen nennt, in ganz Europa. Die Vorläufer der Kelten siedeln bereits in der Bronzezeit vor Beginn des ersten vorchristlichen Jahrtausends auf der Insel. Von diesem Volk der Eirann erhält die Insel vermutlich auch ihren Namen. Im Rahmen der keltischen Expansion siedeln nach und nach weitere Kelten in Irland, sodass die Insel bereits um 500 vor Christus von der keltischen Kultur tief durchdrungen ist. Um diese Zeit hält auch das Eisen Einzug und die Kelten entwickeln sich zu den unübertroffenen Meistern der Schmiedekunst.

Auf das dritte bis vierte Jahrhundert vor Christus datiert die aus Strichen auf Steinpfählen bestehende Ogham-Schrift der irischen Kelten. Sie diente allerdings nur zur Würdigung von Persönlichkeiten, vielleicht auch zur Grenzmarkierung. Mythen, Geschichten, Wissen und Erfahrungen wurden bei den Kelten nur mündlich überliefert. Auch dies mag ein Grund sein, warum uns diese eisenzeitlichen Ahnen mit ihrer Naturverbundenheit, den Druiden-Priestern und der mystischen Kunst bis heute so in ihren Bann ziehen. In Irland sind die Kelten prägend für das kulturelle Erbe, was sich bis heute nicht nur in der Sprache und der Liebe zur Musik widerspiegelt. Einen entscheidenden Anteil daran hat auch die frühe Bekehrung zum Christentum, die dem Nationalheiligen St. Patrick zugeschrieben wird. In der Folge kam es in Irland zu zahlreichen Klostergründungen, die Stätten des Glaubens entwickelten sich alsbald zu den kulturellen, wissenschaftlichen und künstlerischen Zentren des Landes. Nicht nur so großartige Schätze wie das „Book of Kells", auch unzählige Altarkreuze, Kelche oder Metallbroschen legen bis heute beredtes Zeugnis ab von der wohl fruchtbarsten Symbiose aus Glauben und Kunsthandwerk in der Geschichte des christlichen Abendlandes. Die beeindruckenden iro-keltischen Steinkreuze, die ab dem siebenten Jahrhundert auf der ganzen Insel entstehen, sind bis heute stumme Zeugen eines tief in der Kultur verwurzelten Glaubens.

NORMANNEN UND …

Im Jahr 795 wird die keltische Welt von einer Plage biblischen Ausmaßes heimgesucht, die zu dieser Zeit in ganz Europa die Menschen in Angst und Schrecken versetzt: den Wikingern. Mit einem Überfall der Nordmänner auf die Insel Inishmurray beginnt ein Zeitalter der Gewalt und Zerstörung. Die fremden Krieger brandschatzen Dörfer und Klöster, töten Männer, Frauen und Kinder oder verschleppen Iren als Sklaven in ferne Lande. Die Uneinigkeit der irischen Könige, die untereinander um die Macht streiten, macht es den Eindringlingen leicht. Sie gründen sogar Siedlungen in Küstennähe, lassen sich dauerhaft nieder und bilden eigene Stammeskönigtümer. Erst im Jahr 1014 gelingt es Brian Boru, dem Alleinherrscher der irischen Stämme, in der Schlacht bei Clontarf die Wikinger zu besiegen. Aber die sind mittlerweile gar nicht mehr diejenigen, die rund zwei Jahrhunderte zuvor das Land plünderten und Schrecken verbreiteten. Vielmehr haben sich die Fremden Irland zur neuen Heimat gemacht, sind selbst Iren geworden, haben durch Mischehen und friedlichen Handel die Kultur der Insel angenommen und um eigene Elemente bereichert. Ein Wesenszug der Insel, der sich in der Geschichte noch einige Male wiederholen soll: Fremdeinflüsse erreichen das Land und werden auf irische Weise übernommen und integriert.

Brian Boru besiegte im Jahr 1014 die Wikinger in der Schlacht bei Clontarf.

Etwa 150 Jahre später streckten die Normannen ihren Arm nach Irland aus. Diesmal sind es die Könige von England, die die Insel unter ihre Herrschaft zwingen wollen. 1172 erklärte sich Heinrich II. mit Unterstützung von Papst Alexander III. zum Herrscher über Irland, bereits 100 Jahre später konnte König Eduard I. „Longshanks" unangefochten über den größten Teil der Insel gebieten. Als historische Monumente geblieben sind aus dieser Zeit vor allem im Osten der Insel eine Vielzahl normannischer Burgen mit ihren klassischen Rundtürmen. Die Anglo-Normannen gründeten Städte, errichteten Kathedralen und gaben dem Land neue Impulse. Irland übernahm neue Techniken, Baustile und berief nach englischem Muster Ende des dreizehnten Jahrhunderts das erste Parlamant ein. Wie schon in den Jahrhunderten zuvor sickerte auch diese normannische Eroberungswelle über die Zeit in irischen Boden ein und nahm seine Färbung an.

In Stein meißelte ein unbekannter Künstler diesen Normannenkrieger, und wie in Stein gemeißelt sollten die angelsächsischen Normannen über Jahrhunderte die irische Insel beherrschen.

... JAHRHUNDERTE FREMDHERRSCHAFT

Den englischen Königen missfiel der Drang nach Unabhängigkeit, der sich bei ihren Vasallen breitmachte, sobald sie eine gewisse Zeit irische Luft geatmet hatten. Bereits im Jahr 1366 erließ Lionel von Antwerpen, Sohn des englischen Königs Edwards III., königlicher Statthalter in Irland und durch Heirat auch Herzog von Clarance und Earl of Ulster, das 35 Paragrafen umfassende Statut von Kilkenny. Die irische Sprache wurde verboten, ebenso verbot man Mischehen. An Iren durften keine Waffen, Rüstungen und Pferde verkauft werden, Verstöße wurden mit einer Anklage wegen Hochverrats bedroht. Ständige Auseinandersetzungen um die Macht in England sowie kriegerische Konflikte vor allem mit Frankreich ließen Irland im späten Mittelalter ein von der englischen Fremdherrschaft weitgehend unberührtes Land bleiben. Viele der strengen Regelungen aus den Statuten von Kilkenny konnten von der Krone nicht durchgesetzt werden. Entsprechend hielt sich auch der Widerstand gegen die englische Fremdherrschaft im überschaubaren Rahmen.

Dies änderte sich erst, als Heinrich VIII. das Regime übernahm. 1534 hatte er sich bereits von der katholischen Kirche losgesagt und sich selbst zum Oberhaupt der anglikanischen Kirche erklärt. 1541 erklärte er sich schließlich auch zum König von Irland und enteignete auch hier etliche hundert Klöster. Die Iren blieben jedoch weitestgehend katholisch und lehnten den protestantischen König ab. Bereits Eduard VI. und später Jakob I. legten mit der

Nach seiner Absetzung vom englischen Königsthron landete Jakob II., der letzte katholische Regent Englands, 1689 in Irland. In der Schlacht am Boyne unterlag er jedoch im Jahr darauf den protestantischen Truppen unter Wilhelm von Oranien.

planmäßigen Besiedlungspolitik durch protestantische Engländer und Schotten, die sogenannten „plantations", die Grundlage für den noch heute spürbaren Nordirland-Konflikt. Die Provinz Ulster wurde zum Zentrum der britischen Macht auf der irischen Insel ausgebaut. Mit zahlreichen Burgen und Forts sicherte England seine Macht auch militärisch ab. Immer wieder kam es zu Aufständen irischer Adliger, die allerdings bei der Belagerung von Kinsale 1602 trotz spanischer Unterstützung ihre Unterlegenheit erkennen mussten. 1607 verließen etliche irische Adlige die Insel in Richtung Spanien, der Widerstand war vorerst gebrochen. 1641 versuchte der irische Adel erneut, die Macht im Lande wieder an sich zu bringen. 1649 unterwarf Oliver Cromwell Irland erneut und auch die irische Unterstützung für Jakob II. im Jahr 1689 scheiterte. In der Folge wurden ab 1691 die „penal laws" erlassen. Was in den Statuten von Kilkenny gut 300 Jahre zuvor nur aufgeschrieben wurde, setzte man nun in die Tat um. Schrittweise und systematisch wurden den katholischen Iren nun ihre Rechte entzogen, es begann ein Jahrhundert der Dunkelheit und Unterdrückung für die große Mehrheit der Iren. Lediglich die katholische Kirche blieb als Institution von der Durchsetzung der schlimmsten Repressionen im Alltag vorschont und konnte so zum bedeutenden Rückzugsraum für Tradition und Kultur Irlands werden.

IRLANDS WEG ZUR UNABHÄNGIGKEIT

Inspiriert durch die Unabhängigkeitserklärung der Vereinigten Staaten und die Französische Revolution flammten Ende des achtzehnten Jahrhunderts auch in Irland die Bestrebungen nach Unabhängigkeit, aber auch nach sozialen Reformen erneut auf. Die 1791 von enttäuschten Protestanten gegründete Widerstandbewegung „Society of United Irishmen" strebte eine Gleichberechtigung der Katholiken an. Aus dieser Situation erwuchsen Bündnisse mit katholischen Gruppierungen. Die Organisation wurde jedoch bald verboten, in den Untergrund gedrängt und mit massivem Druck verfolgt. Obwohl ein Großteil der Führung im Gefängnis saß, hatten die Unruhen 1798 ein Ausmaß erreicht, das in eine offene Rebellion mündete. Konnten die „United Irishmen" zunächst in einigen ländlichen Regionen die Ordnungsmacht vertreiben, so mussten die Aufständischen am Ende doch in der Schlacht am „Vinegar Hill" unter dem Artilleriefeuer der Armee ihre endgültige Niederlage erfahren. Raub, Plünderung, Mord, Lynchjustiz und weitere Repressionen seitens der Engländer beherrschten die Folgezeit. Premierminister William Pitt führte schließlich im Jahr 1800 den „Act of Union" herbei. Damit wurden Irland und Großbritannien zum Vereinigten Königreich verschmolzen. König Georg III. weigerte sich allerdings noch 1803, die Gleichstellung der Katholiken anzuerkennen. Erst 1829 gelang es Daniel O'Connell mit seiner Massenbewegung „Catholic Association", diesen längst überfälligen Schritt zu erzwingen.

Theobald W. Tone war Anführer der irischen Unabhängigkeitsbewegung und der Rebellion von 1798. Er gründete 1791 die „Society of United Irishmen".

Die sozialen Bedingungen hatten sich indes eher verschärft. Einer Bevölkerungsexplosion zu Beginn des neunzehnten Jahrhunderts stand eine Serie von Missernten gegenüber. Als 1845 die aus Amerika eingeschleppte „Braunfäule" die Kartoffelernte zunichte machte, brach schließlich die „Große Hungersnot" aus. Schätzungen gehen davon aus, dass in den fünf darauf folgenden Jahren bis zu eine Million Menschen an Hunger oder aufkommenden Erkrankungen wie Typhus verstarben.

Weitere rund 1,5 Millionen Iren verließen ihr Land und suchten meist in Übersee eine neue Heimat, sodass die Bevölkerung des Landes nach der Hungersnot auf rund 6 Millionen geschrumpft war. Die Erfahrung der Hungersnot sowie einer weitgehend untätigen Regierung in London führten schon bald zu neu aufkommenden Unabhängigkeitsbestrebungen, so zum Beispiel aus den Reihen der verarmten Landpächter. In der zweiten Hälfte des neunzehnten Jahrhunderts gründeten sich die „Irische Republikanische Bruderschaft" oder die „Irische Nationalpartei". Unter Führung von Charles Stewart Parnell, selbst Sohn eines Großgrundbesitzers, setzte sich die „Irish Land League" für eine Bodenreform ein. Für seine politischen Aktivitäten erhielt er immer wieder Unterstützung von irischen Organisationen und Persönlichkeiten aus dem Ausland, denen die unbefriedigenden Zustände in ihrer ehemaligen Heimat ein Dorn im Auge waren. Parnell strebte zudem zusammen mit dem liberalen britischen Premierminister William Gladstone einen Status der Selbstverwaltung für Irland an. Das Vorhaben scheiterte jedoch mehrfach im Parlament und wurde schließlich 1914 beschlossen. Der Erste Weltkrieg unterbrach allerdings die weitere Entwicklung.

Eamon de Valera war der Anführer im irischen Bruderkrieg von 1922 bis 1923. Er gründete die republikanische Partei „Fianna Fail" und wurde 1932 mit Unterstützung der Labour Party Premierminister.

SPALTUNG UND ENDGÜLTIGE UNABHÄNGIGKEIT

Den Ausbruch des Krieges und Großbritanniens Verwicklung darin wollte eine Reihe radikaler irischer Organisationen nutzen, um die volle Unabhängigkeit Irlands zu erreichen. Am Ostermontag 1916 besetzten die unter dem Namen „Irisch Republikanische Armee (IRA)" vereinten Nationalisten eine Reihe strategisch wichtiger Gebäude in Dublin und erklärten die Unabhängigkeit. Innerhalb von vier Tagen eroberte das überlegene britische Militär sämtliche Gebäude zurück, ohne jedoch auf die Bevölkerung Rücksicht zu nehmen. Unschuldige, Verdächtige oder Fliehende wurden erschossen, die Anführer des Aufstandes hingerichtet. Durch neuerliche Repressalien wandte sich schließlich die gemäßigte Mehrheit der Iren gegen die britischen Herrscher, die mittlerweile jegliche Sympathie verspielt hatten. Die Bewegung „Sinn Féin" wurde zum Dach für zahlreiche Unzufriedene und Widerständler. Eamon de Valera, einer der Anführer des Osteraufstandes, konnte der Vollstreckung der Todesstrafe entgehen, da er als Sohn einer irischen Mutter in New York geboren worden war und die amerikanische Staatsbürgerschaft besaß. Im Rahmen einer Amnestie kam er bereits 1917 frei und übernahm den Vorsitz der „Sinn Féin", die er bei den Wahlen 1918 zu einer deutlichen Mehrheit der irischen Sitze führte. Die Partei zog jedoch nicht ins Londoner Parlament ein, sondern gründete in Dublin ein eigenes irisches Parlament de Valera wurde in Abwesenheit zum Präsidenten der Unabhängigen Irischen Republik gewählt, was zum Krieg mit Großbritannien führte. 1921 verabredete man einen Waffenstillstand und verhandelte über den „Anglo-Irischen Vertrag". Dieser bot Irland den Status eines Freistaates, allerdings wurden sechs der neun Grafschaften in der Provinz Ulster, die mittlerweile mehrheitlich protestantisch waren, von Irland abgetrennt und zur Region Nordirland erklärt.

Die IRA zählte zu den Gegnern des Vertrages, das 1921 neu gewählte unabhängige irische Parlament stimmte diesem allerdings zu. Aus Unzufriedenheit über dieses Ergebnis spalteten sich die IRA sowie der radikale Teil der „Sinn Féin" unter Eamon de Valera von der Mehrheitsströmung ab. Die Jahre 1922 und 1923 waren von einem kurzen aber grausamen irischen Bruderkampf zwischen der IRA und der Armee des von der Mehrheit getragenen offiziellen Freistaates bestimmt. De Valera erkannte schließlich, dass seinem radikalen Kurs die Unterstützung der Bevölkerung fehlte, und legte die Waffen nieder. Die erste Regierung des neuen Freistaates führte 1923 William Cosgrave mit dem gemäßigten Teil der „Sinn Féin", den er 1933 mit anderen Gruppierungen zur Partei „Fine Gael" verband. Eamon de Valera verließ bereits 1926 die „Sinn Féin" und gründete die republikanische Partei „Fianna Fail". 1932 gewann er die Wahl und wurde mit Unterstützung der Labour Party Premierminister. Im Jahr darauf schaffte er den Treueeid auf die britische Krone ab, 1937 schließlich gelang ihm mit dem Beschluss über eine neue Verfassung die faktische Unabhängigkeit Irlands. Im Zweiten Weltkrieg blieb Irland neutral. Im „Republic of Irland Act" erklärte das Land schließlich am 18. April 1949 auch formal seine Unabhängigkeit, löste sich endgültig vom britischen König und dem „Commonwealth" und wurde Republik.

Widersacher
Der Presbyterianer-Priester Ian Paisley und Gründer der protestantischen Partei DUP galt über Jahrzehnte als unversöhnlicher Radikaler. Sein katholischer Widersacher Gerry Adams, geboren als Arbeiterkind in Belfast, ist der politische Kopf der nordirisch-katholischen Sinn Féin. 2007 verkünden beide den Beginn einer gemeinsamen Regierung der über Jahrzehnte verfeindeten Gruppierungen.

NORDIRLAND

Parallel zu den katholischen und irisch-nationalen Bewegungen formierte sich in der Provinz Ulster seit dem neunzehnten Jahrhundert eine protestantische Gegenbewegung, die an der Union mit Großbritannien festhalten wollte. In protestantischen Kreisen befürchtete man, im Falle einer Selbstverwaltung oder gar Unabhängigkeit Irlands, als kulturelle und religiöse Minderheit die Zeche für die jahrhundertelange Fremdherrschaft und Unterdrückung durch die Briten bezahlen zu müssen. Im Jahr 1912 rief der Loyalist Sir Edward Carson die Miliz „Ulster Volunteer Force" ins Leben, die innerhalb weniger Tage bereits eine Mannstärke von mehreren zehntausend Mitgliedern erreichte. Zusammen mit dem bereits 1795 gegründeten protestantischen Oranierorden und der 1905 im selben Umfeld gegründeten „Ulster Unionist Party" existierte somit in Ulster eine zahlenkräftige und kampfbereite Gegenbewegung zu den republikanischen Bestrebungen der irisch-katholischen „Sinn Féin". Nach Abschluss des Anglo-Irischen Vertrages übernahm in den selbst verwalteten, aber zum Vereinigten Königreich gehörenden sechs protestantischen Grafschaften der britischen Provinz Nordirland 1921 die „Unionist Party" als gewählte Mehrheit die Regierung. Im Gegensatz zum Freistaat Irland befanden sich hier die Katholiken und Anhänger eines geeinten unabhängigen Irland in der Minderheit. Die iri-

In der Republik Irland vertritt die durch nordirische Unterstützung wiedererstarkende „Sinn Féin“ eine europakritische Haltung. Noch immer träumen die katholischen Republikaner von einer Wiedervereinigung Irlands.

schen Katholiken wurden politisch, wirtschaftlich und sozial benachteiligt, Staatsverwaltung und die neu geschaffene Polizei standen vollständig unter dem Einfluss der Unionisten. Im Zuge der weltweiten Bewegung für Bürgerrechte kam auch in Nordirland der Ruf nach Gleichstellung der Katholiken auf. Durch das repressive Einschreiten der Polizei bei Massendemonstrationen heizte sich die angespannte Stimmung immer weiter auf. Im Untergrund hatten sich Reste der katholisch-republikanischen Partei „Sinn Féin“ und der ihr nahe stehenden IRA als gewaltbereite Gruppierung formiert. Auf der Gegenseite bildeten sich ebenfalls paramilitärische Gruppen, etwa die „Ulster Freedom Fighters“. Als die britische Regierung infolge der ständigen Unruhen das Militär in die Provinz entsandte, kam es am 30. Januar 1972, dem sogenannten „Bloody Sunday“, zu folgenschweren Ereignissen. Soldaten der britischen Fallschirmjäger eröffneten das Feuer auf unbewaffnete Demonstranten, 14 Menschen starben.

Als im Anschluss daran der amtliche Untersuchungsbericht der britischen Regierung auch noch die Version des Militärs bestätigte, man sei aus der Menge beschossen worden, fühlte sich die katholische Minderheit Nordirlands in ihrem Gefühl der Unterdrückung bestätigt. Fast drei Jahrzehnte immer wieder aufflammenden Terrors auf beiden Seiten brachten unermessliches Leid über den Landstrich. Erst im Karfreitagsabkommen von 1998 gelang es unter Mithilfe der britischen und irischen Regierung, die verfeindeten Parteien Nordirlands auf einen gemeinsamen Weg der Verständigung zu leiten. In einer Volksabstimmung unterstützten schließlich mehr als 70 Prozent der Nordiren den Vertrag, der dem geschundenen Land den lang ersehnten Frieden brachte.

IRLAND UND EUROPA

Obwohl Irland außenpolitisch auf Neutralität setzt, ist das kleine Land ein überaus aktives Mitglied der internationalen Staatengemeinschaft. Bereits 1955 trat Irland den Vereinten Nationen bei. Gleichzeitig mit Großbritannien erfolgte im Jahr 1973 der Beitritt zur Europäischen Gemeinschaft. Das bis dahin eher strukturschwache Agrarland profitiert in den Siebziger- und Achtzigerjahren merklich von Investitionen und Zuschüssen aus Brüssel.

Irland beteiligt sich im Gegensatz zum großen Nachbarn auch an der dritten Stufe der Wirtschafts- und Währungsunion und hat mit den zwölf anderen Mitgliedsstaaten im Jahr 2002 den Euro als offizielles Zahlungsmittel eingeführt. Den Vertrag von Nizza, der der Europäischen Union eine neue vertragliche Grundlage geben sollte, lehnte die irische Bevölkerung im Rahmen eines Referendums im Juni 2001 allerdings ab. Neben innenpolitischen Gründen ist dies wohl vor allem der Unsicherheit über die Folgen der EU-Osterweiterung geschuldet. Im ersten Halbjahr 2004 übernahm Irland turnusgemäß die Ratspräsidentschaft in der EU. Mit diplomatischem Geschick konnte sich die Regierung von Ministerpräsident Bertie Ahern bei den Diskussionen um eine Reform der EU-Verfassung und der Erweiterung der EU auf 25 Mitglieder international große Achtung erwerben. Im Europaparlament stellt Irland derzeit 13 Abgeordnete, üblicherweise erhält das Land ebenfalls den Posten eines EU-Kommissars. Von 2002 bis 2004 war der liberale irische Politiker Pat Cox Präsident des Europaparlaments.

Das Leinster House ist Sitz des irischen Parlamentes mit Ober- und Unterhaus.

Auch wenn Irland am Rande Europas liegt – Irland war immer zutiefst europäisch. Alle bedeutenden politischen und sozialen Strömungen des Kontinents haben stets auch die Grüne Insel im Westen erreicht. Man könnte fast umgekehrt sagen: Was nicht bis Irland gekommen ist, hat wohl auch keine Bedeutung. Bei aller sprachlicher, kultureller oder wirtschaftlicher Verflechtung mit Europa ist Irland jedoch stets ein eigenständiges Land geblieben. Und bislang hat noch jeder Beitrag, jeder Impuls und jede Idee des Kontinents in Irland seine ganz besondere Weise der Umsetzung gefunden.

POLITISCHES SYSTEM

Die Republik Irland in ihrer heutigen Form erklärte sich 1922 unabhängig, gab sich 1937 eine Verfassung und wurde im „Republic of Ireland Act“ von 1948 manifestiert. Irland ist eine parlamentarische Demokratie mit einem Zweikammersystem im „Oireachtas“ genannten Parlament. Formelles Staatsoberhaupt ist die auf sieben Jahre gewählte Präsidentin bzw. der Präsident, die Regierungsgewalt liegt beim Premierminister, der den irischen Titel „Taoiseach“ führt. Er wird aus der Mitte des Abgeordneten-

Das auf eine Normannenburg des dreizehnten Jahrhunderts zurückgehende Dublin Castle dient heutzutage als Ort für Staatsempfänge und internationales Konferenzzentrum.

hauses „Dáil Éireann“ gewählt. Dessen 166 Mitglieder stellen sich alle fünf Jahre dem Volk. In den 43 Wahlkreisen des Landes wird dabei nach den Grundsätzen des Verhältniswahlrechts ausgezählt. Als zweite Parlamentskammer ist der Senat „Seanad Éireann“ ein Honoratiorengremium. 11 seiner 60 Mitglieder werden vom „Taoiseach“ ernannt, die weiteren setzen sich aus Repräsentanten gesellschaftlicher Gruppen wie Industrie, Arbeitnehmer, Hochschulen und Kultur zusammen. Der Senat kann Gesetze lediglich einbringen oder verzögern, die Entscheidung liegt jedoch beim Abgeordnetenhaus.

Die Verwaltung Irlands gliedert sich in 29 Kreisverwaltungen und 114 Kommunen. Die vier historischen Provinzen haben heute nur noch traditionelle Bedeutung. Die 29 Kreise entsprechen in ihrem Gebietszuschnitt weitgehend den historischen Grafschaften. Daneben existieren acht regionale Behörden und Ausschüsse, die koordinierende Aufgaben wahrnehmen. Ihre Mitglieder werden von der kommunalen Ebene ernannt. In den Kommunen wird alle fünf Jahre ein Rat gewählt. Hauptaufgaben dieser Selbstverwaltung sind Wasserversorgung und Kanalisation, Verkehr, Wohnungsbau, Bildung und Gesundheit. Die Rechtsprechung in Irland basiert auf dem sogenannten „Common Law“ anglikanischer Prägung, das im Deutschen auch „Richterrecht“ genannt wird. Dabei entwickelt sich die Rechtslage in Fällen, für die es keine gesetzlichen Vorschriften gibt, aus den Urteilen der Gerichte, die natürlich an die Grundregeln der Verfassung gebunden sind. Irlands nationale Polizei, die „An Garda Síochána", ist in aller Regeln nicht bewaffnet und untersteht einem von der Regierung ernannten Polizeipräsidenten. Das politisch neutrale Irland verfügt nur über eine kleine Freiwilligenarmee mit rund 11.000 Berufssoldaten. Neben dem Heer und der Marine existiert eine Luftwaffe, die allerdings über keine Kampfflugzeuge verfügt.

Dame von Welt
Juristin, Professorin am Trinity College, Abgeordnete, Staatspräsidentin, UN-Kommissarin: Mary Robinson kann auf zahlreiche Funktionen zurückblicken. Die sozialdemokratische Politikerin engagiert sich heute weltweit ehrenamtlich in der Entwicklungszusammenarbeit und im Umweltschutz.

POLITIK UND PARTEIEN

Aufgrund der besonderen politischen Geschichte Irlands zeichnet sich auch das Parteiensystem des Landes durch Besonderheiten aus. Es ist mit dem klassischen europäischen Schema von rechts und links nicht einfach zu vergleichen. Aus der republikanischen Bewegung Sinn Féin gingen in den Zwanzigerjahren die beiden großen Parteien Fianna Fáil und Fine Gael hervor. Fianna Fáil ist Irlands größte Partei und kann auf Zuspruch aus allen Bevölkerungskreisen zählen. Die Partei hat den Aufbau des unabhängigen Irland maßgeblich geprägt und findet ihre Anhängerschaft als Volkspartei vor allem auf dem Land und in der Mittelschicht der Bevölkerung. Sie ist die Partei des ersten Präsidenten Eamon de Valera wie auch des erfolgreichen Premierministers Bertie Ahern oder der Präsidentin Mary McAleese. Als zweitgrößte Partei kann die Fine Gael ebenfalls auf einige Jahre an der Regierung zurückblicken. Obwohl die Wurzeln der Partei auch ins nationalistische Lager reichen, gilt sie heute als gemäßigt konservativ. Dies hat Fine Gael allerdings nicht daran gehindert, bereits in den Siebzigerjahren mit der sozialdemokratischen Labour Party erfolgreiche Koalitionen einzugehen und unter dem zweimaligen Taoiseach Garret FitzGerald die Anglo-Irische Vereinbarung mit der britischen Regierungschefin Thatcher abzuschließen.

Die dritte Kraft in der irischen Politik ist die Labour Party. Sie gilt als mitte-links-orientiert und ging im Laufe der Geschichte mit beiden großen Parteien Koalitionen ein. Traditionell ist sie eher im städtischen Umfeld zu Hause. Mit der späteren UN-Menschenrechtskommisarin Mary Robinson gewann Labour 1990 die Wahl um das Präsidentenamt, das erstmals von einer Frau besetzt wurde. Die erst 1981 gegründete Grüne Partei Irlands hat es 2007 zum Koalitionspartner in der Regierung von Bertie Ahern und Brian Cowen gebracht. Wie die Grünen erringt auch die wirtschaftsliberale Partei der Progressive Democrats stets einen nicht unbeachtlichen Stimmenanteil und konnte sich mehrfach die Regierungsbeteiligung als Koalitionspartner sichern. Ein Sonderfall Irlands ist die Sinn Féin. Über Jahrzehnte hinweg führte sie als sektiererischer Rest der vormaligen Bewegung in Irland ein Schattendasein. Mittlerweile ist die eng an die nordirische IRA angebundene Partei aber als einzige in den Parlamenten der Republik wie auch in Nordirland vertreten. Mit ihrem Ruf nach einer Wiedervereinigung des Landes und durch Unterstützung des populären nordirischen Politikers Gerry Adams gewinnt sie mittlerweile auch in der Republik an Zulauf.

RELIGION IN IRLAND

Für die steinzeitlichen Bewohner Irlands stand die Sonne im Mittelpunkt von Mythen und Ritualen. Sie kehrt als Symbol des Lebens an vielen unterschiedlichen Orten wieder. Grabstätten wie Brú na Bóinne waren nach genau berechneten Sonnenereignissen ausgerichtet und dienten sicherlich auch kultischen Zwecken. Von der Religion und Mythologie der eisenzeitlichen Kelten ist uns bis heute noch wenig bekannt. Die keltische Kultur basierte auf mündlicher Überlieferung, eine Schrift entwickelte sich erst spät und diente offensichtlich nicht dazu, die Geschichte für die Nachwelt niederzulegen. Die Kelten waren in Stammesform orga-

Die Kultstätte von Drombeg im County Cork ist eines der beliebtesten Touristenziele Irlands. Die 17 senkrecht stehenden und jeweils zwei Meter hohen Megalithe bilden einen Steinkreis mit neun Metern im Durchmesser. Bei Ausgrabungen im Jahr 1958 wurde eine Begräbnisstätte vom Beginn des ersten vorchristlichen Jahrtausends in der Mitte des Kreises freigelegt.

nisiert und pflegten regional unterschiedliche Gottheiten zu verehren. In ihrer Mythologie spielte der Übergang zwischen den Welten eine besondere Rolle; auch der Gestaltwechsel, meist in Form von Tieren, oder die Wiedergeburt waren fester Bestandteil. Eine Sagengestalte der keltischen Mythologie war der Kämpfer Cú Chulain, ein Held mit übermenschlichen Kräften, der in der Grafschaft Armagh um die Zeitenwende gelebt haben soll. Auch die Figur des Finn MacCool (Fionn mac Cumhaill), die erstmals in Texten des zwölften Jahrhunderts auftaucht und auch in der schottischen Mythologie eine Rolle spielt, geht vermutlich auf jahrhundertealte Sagen zurück, an deren Anfang vielleicht ein regionaler Stammeskönig gestanden haben könnte. Als eine der ersten belegbaren Persönlichkeiten kann Niall Noígíallach, ein irischer Stammeskönig aus der Ulster-Region, angesehen werden, der zu Beginn des vierten Jahrhunderts regierte. Es ist dies die Zeit, in der sich die Welt der Kelten grundlegend zu verändern beginnt. Nachdem der heilige Germanus, Bischof von Auxerre, im Jahr 429 die Britische Insel besucht hat, entsendet er im Jahr darauf mit Unterstützung von Papst Coelestin I. den Diakon Palladius, um die „Schotten" zu bekehren. Als eine der ersten verkündet die heilige Brigida von Kildare, Tochter aus adeligem Hause, den Glauben an den einen und allmächtigen Gott. Die neue Lehre scheint auf unerwartet fruchtbaren Boden zu fallen. Der im Jahr 521 ebenfalls in einer irischen Königsfamilie geborene Kolumban wird einer der tüchtigsten Bekehrer und Klostergründer in Irland. 563 errichtet er mit zwölf irischen Mönchen das Kloster Iona an der schottischen Küste. Hier soll das Book of Kells begonnen worden sein. Der dritte und bedeutendste unter den irischen Nationalheiligen ist der heilige Patrick. Mitte des fünften Jahrhunderts wird er vermutlich als Sohn eines christlichen römischen Beamten in Wales geboren. In jungen Jahren wird er nach einem Überfall als Sklave auf die irische Insel verschleppt. Hier findet er zum Glauben, kann nach einigen Jahren zurück nach England flüchten, um im Jahr 432 mit vierundzwanzig Gefährten wiederzukommen. Er wirkt bis zu seinem Lebensende auf der Insel, bekehrt, gründet Klöster und lässt Kirchen bauen. Unzählige Geschichten ranken sich um ihn, sein Gedenktag, der 17. März, ist heute der irische Nationalfeiertag. Vor allem die Klostergründungen sollen der Insel über Jahrhunderte und bis in die heutige Zeit hinein eine Sonderstellung in der Ent-

Das eindrucksvoll mit biblischen Motiven gestaltete westliche Hochkreuz im Kloster Monasterboice ist mit knapp sieben Metern Höhe das größte seiner Art auf der irischen Insel.

wicklung der gesamten Christenheit einräumen. Das bescheidene Leben in der Gemeinschaft mit anderen Gläubigen, die religiöse Meditation in der gottgegebenen Natur Irlands entfaltet eine Faszination für viele Menschen. Die Klöster werden zu Zentren der Entwicklung und des Geisteslebens auf der ganzen Insel, aber auch des wirtschaftlichen Fortschritts. Dies macht sie zu begehrten Zielen der raubmordenden Wikinger im achten Jahrhundert. Viele küstennahe Klöster fallen ihnen zum Opfer, dem Glauben tut dies keinen Abbruch. Das Ende der irisch-keltischen Klosterkultur kommt jedoch von Rom selbst. Im Rahmen der Kirchenreform des elften und zwölften Jahrhunderts will der Heilige Stuhl die selbstständigen und gelegentlich eigenwilligen irischen Glaubensbrüder wieder auf den rechten Pfad führen. Der englische König Heinrich II. erhält die offizielle Unterstützung der römischen Päpste zur Eroberung Irlands. Ernsthaft bedroht ist die irische Sonderstellung jedoch erst, als König Heinrich VIII. von England 1534 sich selbst im „Act of Supremacy" zum Oberhaupt der anglikanischen Kirche erklärt und sich 1542 auch zum König von Irland macht und Hunderte von Klöstern enteignet. In den folgenden Jahrhunderten versuchen die anglikanischen Fremdherrscher immer wieder, durch planmäßige Besiedlung mit loyalen Protestanten und Unterdrückung des Katholizismus ihre Machtstellung auf der irischen Insel zu festigen. Am wirkungsvollsten erweist sich die Ulster Plantation von James I. Sie verhärtet die religiösen Fronten in der Region über Jahrhunderte hinweg. Im restlichen Irland fruchteten die Bemühungen wenig, heute leben hier rund 90 Prozent Katholiken mit 5 Prozent Protestanten und weiteren Religionen friedlich zusammen. In Nordirland sind rund 20 Prozent der Bevölkerung protestantische Presbyterianer, weiter gehören rund 17 Prozent der protestantischen Church of Ireland an. Zusammen mit weiteren protestantischen Glaubensrichtungen, die knapp 10 Prozent ausmachen, bilden sie die Mehrheit gegenüber den rund 38 Prozent Katholiken.

Seite 23: Die Geschichte der Kathedrale von Downpatrick in Nordirland zeichnet die vielfältigen Auseinandersetzungen der Jahrhunderte nach. Gegründet im dreizehnten Jahrhundert an der Grabstätte des heiligen Patrick, wurde die Kathedrale im Laufe der Zeit mehrfach niedergebrannt, verwüstet und beraubt oder schlicht dem Zerfall überlassen. Der Turm wurde erst im Jahr 1829 fertiggestellt. In den Jahren 1986 und 1987 wurde das Bauwerk restauriert. Heute ist es zusammen mit dem St.-Patrick-Besucherzentrum beliebtes Ziel für Pilger und Touristen gleichermaßen.

Der Poulnabrone-Dolmen im County Clare ist eines der bekanntesten Symbole für das steinzeitliche Irland. Das Grabportal aus dem vierten vorchristlichen Jahrtausend ist 1,80 Meter hoch, der Deckstein hat eine Länge von 3,60 Metern.

Das Kloster Glendalough ist sehenswertes Zeugnis des frühmittelalterlichen Glaubens auf der irischen Insel. Das Kulturdenkmal von nationalem Rang liegt idyllisch zurückgezogen in einem Tal der malerischen Wicklow-Hügel südlich von Dublin. Der mehr als dreißig Meter hohe Rundturm mit seiner rund drei Meter über dem Boden gelegenen Zugangstür wurde im zehnten Jahrhundert als Schutz- und Zufluchtsort vor Überfällen errichtet.

Die Burg Carrickfergus, gut zehn Kilometer nördlich von Belfast an der Mündung des Belfast Lough in den Nordkanal gelegen, war über Jahrhunderte das Machtzentrum des nordöstlichen Irland. Die auf drei Seiten vom Wasser umgebene Normannenfestung wurde im Jahr 1177 von John de Courcy angelegt und ist bis heute in außergewöhnlich gutem Zustand erhalten.

Erbaut im Jahr 1220 auf den Fundamenten einer Kirche, die angeblich bis ins vierte Jahrhundert zurückdatiert, gehört die St. Mary's Church im südirischen Städtchen Youghal zu den am besten erhaltenen Kirchenbauten im normannischen Stil. In ihrer rund 800-jährigen Geschichte erlebte die Glaubensstätte historische Persönlichkeiten wie Sir Walter Raleigh, Oliver Cromwell, Bischof George Berkeley oder John Wesley, den Gründer der Methodistenbewegung.

Das im Jahr 1425 fertiggestellte Bunratty Castle im County Clare war immer wieder Schauplatz heftiger Kämpfe und wurde mehrfach zerstört und wiederaufgebaut. Heute geht es dort friedlicher zu, die Burg beherbergt ein Museum mit zahlreichen kostbaren Möbeln, Einrichtungs- und Kunstgegenständen des Spätmittelalters, darunter auch eine bunt bemalte und goldverzierte Statue des heiligen Georg als Drachentöter, die in Süddeutschland gefertigt wurde.

Irlands einzigartige Kultur

Die steinzeitliche Kultstätte Newgrange wurde Anfang der Siebzigerjahre des vorigen Jahrhunderts mit Originalsteinen der Fundstelle restauriert, wie sie vermutlich vor 5000 Jahren errichtet wurde.

BAUKUNST DER FRÜHZEIT

Aus dem neolithischen Zeitalter sind vier verschiedene Formen von Steinhügelgräbern bekannt. Die ältesten Grabstätten reichen bis ca. 3000 vor Christus zurück und wurden als einfache längliche Steinkammern angelegt, die anschließend mit einem Hügel aus Steinen bedeckt wurden. Vor der Grabstätte wurden Zeremoniestätten aus kreisförmig stehenden Steinen gebildet. Bei den Ganggräbern lag die eigentliche Grabkammer aus Stein in der Mitte eines künstlich aufgeschichteten Erdhügels. Ein Tunnelgang aus großen Steinen verband die Grabstätte im Inneren mit dem Eingangsportal am Rande des Hügels. Häufig lagen im Inneren des Hügels auch mehrere von einem Kreuzungspunkt abzweigende kleinere Grabkammern. In Newgrange wurde die Anlage so konstruiert, dass am Morgen der Wintersonnwende die Sonne durch eine Spaltöffnung oberhalb des Eingangsportals unmittelbar durch den langen Gang direkt auf den Kreuzungspunkt der Grabkammer fiel und einen Beleuchtungseffekt wie von Geisterhand erzeugte. Unerklärlich ist bis heute, wie die Menschen der Steinzeit mit ihren begrenzten architektonischen Mitteln dieses beeindruckende 17 Minuten dauernde Schauspiel schaffen konnten. Die bekannteste Form der neolithischen Grabstätten sind die Dolmen. Bei diesen wurde vor eine steinerne Grabkammer ähnlich den Steinhügelgräbern ein mächtiges Portal gesetzt. Auf zwei oder mehr parallel angeordneten Steinsäulen wurde ein Deckstein quer gelegt. Der Deckstein des Browneshill-Dolmen wiegt rund 100 Tonnen. Diese Steine wurden mühevoll über seitlich aufgeschüttete Erdhügel an ihren Platz geschleppt. Am Ende wurde die komplette Grabanlage mit einem Erdhügel überzogen, lediglich das Portal blieb sichtbar und wurde mit einer flachen Steintafel frontal verschlossen.

Aus der Bronzezeit im zweiten und ersten vorchristlichen Jahrtausend sind in Irland einige Steinkreise erhalten, die vermutlich astrologischen Zwecken dienten. Mit dem Anbruch der Eisenzeit begann das große Zeitalter keltischer Baukunst in Irland. Als beispielhaft kann die Hügelfestung von Moghane gelten, die die größte ihrer Art auf der Insel ist. Auf dem 300 Meter hohen Berg umrunden eine äußere und eine innere Steinmauer die Kuppe des Hügels, die rund 80 Meter höher liegt als das Umland. In die 12 Hektar große Anlage ist zudem nochmals eine kleinere Ringfestung integriert. Eines der atemberaubendsten Monumente ist auch die aus vier konzentrischen Steinwällen bestehende Klippenfestung Dún Aengus auf der Insel Inishmore.

Mit der Christianisierung der keltischen Insel finden sich auch in der Architektur neue Elemente wieder. Die landesweit gegründeten Klöster stellten eine neue Form der Siedlung dar. Sie bestanden meist aus einfach ummauerten Arealen, auf denen als Hauptgebäude eine Kirche stand. Die meisten Gebäude waren aus Holz errichtet, daneben gab es jedoch die steinernen Bienenstockhütten einiger Klosteranlagen des frühen Mittelalters. Hier wurden kreisförmig nach oben zulaufend Steine aufeinandergeschichtet, um einen wetterfesten Raum zu schaffen. Bei frühen Kirchenbauten wurden auf größere Steine im unteren Bereich weiter oben kleinere gesetzt. Bemerkenswert sind die steinernen Dächer des Mittelalters, die im Inneren durch einen Dachstuhl mit aufgesetzter Bogenkonstruktion getragen wurden. Im neunten Jahrhundert entstanden in den Klöstern die ersten Rundtürme, von denen einige bis heute erhalten geblieben sind. Sie sind meist fünf oder mehr Stockwerke hoch, mit Fensterlöchern auf jeder Ebene versehen und oben spitz zulaufend gemauert. In Friedenszeiten dienten sie als Glockentürme, waren aber für den Fall einer Gefahr so konstruiert, dass der Eingang in rund drei Metern Höhe lag. Man konnte sich also mit Vorräten in den Turm zurückziehen, die Strickleiter einholen und hoffen, dass Wikinger und andere Landplagen sich wieder von dannen machten. Im zwölften Jahrhundert erreichten mit den Ordensklöstern und der normannischen Eroberung weitere Neuerungen die Insel. Die Zisterzienser führten ihren Klosterbaustil mit Kreuzgang, Kirche im Norden, Refektorium im Süden, Wirtschaftsgebäude im Osten und Sakristei im Westen ein. Im Jahr 1272 gab es bereits 38 solcher Klöster in Irland, die Ruinen von Jerpoint Abbey können heute noch einen lebendigen Eindruck der neuen Zeit hervorrufen. Die englischen

Monasterboice
Eine der bemerkenswertesten frühchristlichen Anlagen der irischen Insel ist das Kloster Monasterboice im County Louth. Im Jahr 1097 wurde die rund 600 Jahre zuvor gegründete Anlage aufgegeben, nachdem ein Brand weite Teile zerstört hatte. Die von einer bis zu zwei Meter hohen Mauer umgebenen steinernen Überreste der Klosterzeit sind zwei kleine Kirchen, der rund 30 Meter hohe Rundturm, drei beeindruckende Hochkreuze, eine Sonnenuhr sowie eine alte Friedhofsanlage. Wenn im Dämmerlicht der Abendstunden die Saatkrähen den Turm umkreisen, kommt beim Besucher eine beinahe gespenstische Stimmung auf. Seinen Namen erhielt das Kloster vom Gründer, dem heiligen Boetius.

Normannen wiederum brachten eine neue Festungsarchitektur auf die Insel. Die ersten militärischen Außenposten bestanden allerdings nur aus einfachen Holztürmen, auf Hügeln errichtet und von Holzpalisaden umgeben. Für sie hatte sich der französische Ausdruck Motte etabliert, was so viel wie Erdklumpen bedeutet. Schon bald genügten diese nicht mehr den Anforderungen, weshalb man begann, viereckige Burgtürme oder Bergfriede mit mehreren Stockwerken zu errichten. Bei größeren Festungen wurden sie von einer Mauer mit den typisch normannischen Rundtürmen an den Ecken geschützt. Kleinere Burgen auf dem Land bestanden jedoch häufig nur aus dem einen Turm, der wie seine Vorläufer auf einem Hügel platziert worden und von einfachen Palisaden oder Mauern umgeben war.

Sichtbarer Ausdruck des irischen Wirtschaftsbooms der Neunzigerjahre: Überall in der Hauptstadt Dublin sind Bürotürme entstanden.

BAUKUNST DER NEUZEIT

Mit der Verfestigung der englischen Herrschaft in Irland veränderte sich in Teilen auch die Architektur. Die rein militärisch konzipierten Burgen entsprachen nicht mehr dem gestiegenen Bedürfnis nach Komfort und Repräsentation. Bestehende Anlagen wurden oft um großflächige und mehrstöckige Häuser erweitert. Neue Schlösser entstanden zwar nach wie vor auf dem Sockel dicken Mauerwerks, wiesen aber mit der Symmetrie und den vergrößerten Fenstern schon den Weg hin zum Stil der späteren Landsitze, mit etwas Untertreibung einfach „Houses“ genannt. Aber nicht nur bei ihren eigenen Wohnsitzen wollten sich die Regierenden ins rechte Licht setzen. Ab Ende des siebzehnten Jahrhunderts entstand eine Vielzahl öffentlicher Gebäude wie Hospitäler, Universitäten oder Rathäuser.

Die georgianische Periode bezeichnet die mehr als einhundertjährige Regentschaft der vier englischen Könige mit dem Namen Georg ab Beginn des achtzehnten Jahrhunderts. Sie ist für Irland eine der prägendsten architektonischen Epochen. Die strenge Symmetrie und Gleichförmigkeit des Äußeren ist ihre Grundphilosophie, man kann dies unter anderem an den zwei Kaminen der Gebäudeenden erkennen. Unterhalb der Walm- oder Satteldächer war oft eine Zierbrüstung angebracht, doppelflüglige Fenster und repräsentative Türportale spielten eine wichtige Rolle. Trinity College in Dublin ist eines der signifikantesten Gebäude dieser

Epoche. Auch der Backstein als Baumaterial wurde übernommen und unterscheidet vielfach die einfachen grauen Steinhäuser des Landes von jenen buntfarbenen der Städte. In der sich anschließenden viktorianischen Epoche wurden alte Baustile in neoklassizistischer Manier wieder belebt, was sich in reich geschmückten und bis ins Detail verzierten Fassaden und Türmen widerspiegelt. Bei der Queens University in Belfast verbinden sich dabei Sandstein und roter Backstein als Baumaterialien mit einer opulenten Ausstattung von Fassaden und Fenstern.

Mutter allen Lebens
Ein auf Schmuckstücken und Grabverzierungen seit der Steinzeit immer wiederkehrendes Element ist die Spirale als Symbol der Sonne. Die Abbildung zeigt den quer liegenden Frontstein der Kultstätte Newgrange. Die Sonne wurde von den ersten Bewohnern der irischen Insel – wie in anderen Kulturen auch – als eine Art Gottheit verehrt, hing doch der Lebensrhythmus der Menschen unmittelbar von ihrer Leben spendenden Energie ab. Die Darstellung der Sonne in unterschiedlichen Formen kehrt später bei den irischen Kelten wieder, zusammen mit anderen komplexen geometrischen Mustern und Motiven aus der Tierwelt. Auch dies ist ein Beleg für die enge Verbindung zu Natur und Schöpfung.

Die Architektur des zwanzigsten und einundzwanzigsten Jahrhunderts erscheint für viele Irland-Liebhaber als krasser Widerspruch zu dem traditionell geprägten und über die Zeit gewachsenen Gesamtgefüge. In den Großstädten ist ein Trend zur Höhe erkennbar. Dieser mag zwar den Bauherren wie U2-Sänger Bono, der in Dublin einen 120 Meter hohen Büroturm bauen lässt, herrliche Ausblicke bescheren. Ob aber insgesamt eine angemessene Verbindung von Moderne mit der vorgefundenen Struktur gelingt, darf mancherorts bezweifelt werden.

HANDWERKSKUNST

Von den steinzeitlichen Bewohnern Irlands sind nur wenige kunsthandwerkliche Gegenstände erhalten. An Töpferwaren, Schnitzereien und ersten Steinmetzarbeiten lässt sich die Kreativität der damaligen Zeit ablesen. Schon während der Bronzezeit, vor allem aber in der Eisenzeit erwiesen sich die Kelten als unübertroffene Meister der Schmiedekunst. Broschen, Halsringe und Armbänder irischer Herkunft aus Kupfer, Bronze und Gold gelangten durch Handel bis auf den Kontinent. Der Goldschatz von Broighter, der im Irischen Nationalmuseum in Dublin ausgestellt ist, gibt einen Eindruck von Kunstfertigkeit und Wohlstand der keltischen Kultur gleichermaßen. Der im Jahr 1896 in Nordirland gefundene Schatz besteht aus mehreren goldenen Halsreifen sowie einer Schale. Die kunstvollen Arbeiten aus der zu Ende gehenden La-Tené-Zeit im ersten Jahrhundert vor Christus zeigen Einflüsse griechischer und etruskischer Handwerkskunst. Beeindruckendes Glanzstück ist ein rund zehn Zentimeter langes Bootsmodell mit Segelmast, Rudern und vielen Details, das ebenfalls komplett aus Gold gefertigt ist. Mit Aufkommen des Chris-

Die heilige Maria, „Mutter" der katholischen Kirche, ist in Irland vielerorts anzutreffen. Die Farben Blau und Weiß symbolisieren die Reinheit und Jungfräulichkeit.

tentums vermählt sich die neue Philosophie mit der alten Handwerkskunst zu einer bis heute einzigartigen Symbiose des Schöpferischen. Neben Gold wird das hell glänzende Silber zum beliebten Werkstoff. Kreuze, Glocken, Kelche und Altarbestecke mit fein ziselierten Ornamenten entstehen, unterschiedlichste Techniken wie Guss, Gravur oder Einlegearbeit finden ebenso Verwendung wie Materialien aller Art, darunter auch Glas und Halbedelsteine. In den Schreibstuben der Klöster entstehen bunt verzierte und bebilderte Gebetsbücher und Bibeln wie das Book of Kells, die noch heute durch den Glanz ihrer Farben beeindrucken. Auch in der Steinmetzkunst erweisen sich die mittelalterlichen Iren als begabt, wie die zahlreichen keltischen Hochkreuze, aber auch Altäre und Grabplatten vielerorts belegen. Im späten Mittelalter werden auch Waffen immer aufwendiger verziert und gestaltet. In den folgenden Jahrhunderten wendet sich die Kunst dem Alltag und der Häuslichkeit zu, ohne dadurch ihre Meisterschaft zu verlieren. Repräsentative Gefäße aus Glas und Silber sind begehrt in ganz Europa. Ab der georgianischen Epoche gewinnt zudem die Schreinerei besonderer Möbelstücke an Bedeutung. Und selbst die Schneiderei der Insel braucht sich vor der Haute Couture des Kontinents nicht zu verstecken, Seide und Leinen ersetzen das wollene Alltagsgewand. Und auch heute bringt die Insel immer wieder Gestaltungskünstler hervor, die in ihrer Eigenart vermutlich nirgendwo sonst auf der Welt ihre Heimat haben könnten.

IRISCHE SPRACHE

In Artikel 8 der irischen Verfassung ist als erste Amtssprache des Landes noch vor dem Englischen das Irisch festgelegt. Es gehört zu den inselkeltischen Varianten der keltischen Sprache. Nachweisbar wird Iro-keltisch oder Gälisch seit dem dritten Jahrhundert gesprochen. Zu dieser Zeit entwickelte sich aus ihr das keltische Ogham-Alphabet, dessen 20 Buchstaben aus einem Strichcode bestehen. Es ist benannt nach dem keltischen Gott Ogma, dem große Beredsamkeit und Überzeugungskraft nachgesagt wurde. Auf den sogenannten Ogham-Steinen sind einige Inschriften aus dieser Zeit erhalten. Die heutige irische Sprache hat sich über die Jahrhunderte aus der ursprünglich keltischen entwickelt. Dabei wurden Begriffe und Ausdrücke aus dem Lateinischen, aus skandinavischen Sprachen und dem Englischen aufgenommen. Trotz

Unterdrückung durch die Engländer hat sich die Sprache in den ländlichen Regionen und auf den Inseln bis weit in das neunzehnte Jahrhundert erhalten. Erst die Industrialisierung mit dem Anwachsen der Städte sowie die große Hungernot haben das Irische an den Rand gedrängt. Nach der irischen Unabhängigkeit wurde deshalb mit besonderem Eifer versucht, die traditionelle Sprache wieder breiter zu verankern. Irisch wird heute an den Schulen des Landes unterrichtet, in den Ferien werden Kinder in spezielle Sprachcamps in den sogenannten Gaeltacht-Regionen wie Galway geschickt, wo die alte Sprache noch von Einheimischen gesprochen wird. Die kosmopolitische Oberschicht der Großstädte assoziiert das Irische eher mit Provinzialität und dem öffentlichen Dienst, in Irlands neuer Mittelschicht gibt es einen gegenläufigen Trend, der das Gälische wieder stärker in den Mittelpunkt rückt. In Dublin gibt es sogar die ersten rein gälischsprachigen Grundschulen. Bei einigen Eltern steckt allerdings ein anderes Motiv als Kulturpflege dahinter. Sie wollen ihre Kinder schlicht nicht mit Ausländern zusammen sehen, denen die alte Sprache verständlicherweise egal ist. Es gibt mehrere gälische Zeitungen und sogar einen Hauptfernsehsender in der Landessprache. Mehr oder weniger beherrscht rund ein Drittel der Iren heute wieder das Gälische, muttersprachlich beträgt der Anteil jedoch gerade einmal noch ein Prozent. Dennoch bleibt das Gälische eine kulturelle Brücke in eine andere Zeit und ist gerade für viele Künstler auch Quelle der Inspiration und Teil ihrer Identität.

Ghaeltacht-Minister
Angelegenheiten der irischen Tradition und des kulturellen Erbes sind in Irland auf höchster Ebene angesiedelt. Der Minister für die Gemeinden und den ländlichen Raum ist gleichzeitig auch zuständige für die Ghaeltacht-Gebiete sowie den Erhalt der kulturellen Wurzeln. Wichtigste Aufgabe dabei ist die Pflege der angestammten irischen Sprache mit ihren keltischen Wurzeln, die als älteste noch gesprochene Schriftsprache Europas gilt. Seit 1. Januar 2007 ist das alte Irisch auch als offizielle Sprache in der EU anerkannt. Und mit den irischen Worten „Go raibh maith agaibh“ beendet der Minister selbst auch seine Reden. Er sagt den Zuhörenden damit übersetzt „Tausend Dank“.

LITERATUR

Die ersten Nachweise irischer Literatur datieren auf das sechste Jahrhundert und sind in Altirisch abgefasst. Sie gehen auf höfische Dichter und Geschichtenerzähler, die „Fild“, zurück und greifen mündlich überlieferte Sagen und Mythen sowie christliche Inhalte auf. Diese Tradition wurde durch die Barden bis ins späte Mittelalter fortgesetzt, nach und nach verschwand allerdings das alte Gälisch als Schriftsprache und wurde über Jahrhunderte von wenigen Schriftstellern, Lehrern und Kirchenmännern am Leben erhalten. Erst die romantische Bewegung des 19. Jahrhunderts belebte die Sprache in der Literatur wieder und heutzutage erscheinen jährlich weit über 100 neue Bücher auf Gälisch. Demgegenüber gibt es seit Mitte des siebzehnten Jahrhunderts einen

„Für seine fortwährend inspirierte Poesie, die in höchst kunstvoller Form den Geist einer ganzen Nation wiedergibt" erkannte das Komitee im Jahr 1923 William Butler Yeats den Nobelpreis für Literatur zu. Der bis ins hohe Alter kreative Dichter starb 1939 in Dublin, bestand jedoch auf einer Beisetzung in seiner Heimat Drumcliffe zu Füßen des Berges Ben Bulben.

reichhaltigen Fundus irischer Literatur in englischer Sprache, die mit der englischen Literatur aufs Engste verbunden ist. Viele irische Schriftsteller wie Jonathan Swift oder Edmund Burke lebten und schrieben zeitweise in England. George Berkely, Bischof von Cloyne, hatte durch seine Schriften bedeutenden Einfluss auf die empirische Philosophie und die Aufklärung.

Dem Dramatiker John Millington Synge verdankt das Theater unter anderem das Stück „Der Held der westlichen Welt". In keinem irischen Bücherregal fehlen darüber hinaus die Namen von Brendan Behan, Sean O'Casey oder Patrick Kavanagh. Mit dem irischen Nationaldichter William Butler Yeats, Georg Bernhard Shaw, Samuel Beckett und zuletzt 1995 Seamus Heany erhielten vier Iren den Literaturnobelpreis. Daneben haben Bram Stoker mit „Dracula" oder James Joyce mit „Ulysses" Literaturgeschichte geschrieben. Obwohl Joyces Roman schwierig zu lesen und deshalb auch vielen Iren mehr vom Namen bekannt ist, feiert man in der irischen Hauptstadt jedes Jahr am 16. Juni den Bloomsday. Er erinnert an die Hauptfigur des „Ulysses" und den einen Tag, an dem die gesamten Geschehnisse des tausendseitigen Romans sich zutragen. Auch in neuerer Zeit hat Irland bekannte Autoren wir Thomas Kinsella, Maeve Binchy oder Anne Enright hervorgebracht, was nicht weiter verwunderlich ist bei einem Volk, das eine so lange Tradition in der Erzählkultur hat.

TRADITION UND VOLKSKULTUR

Ein Großteil irischer Tradition steht in Zusammenhang mit dem katholischen Glauben. In vielen Regionen ist der Kirchgang ein fester Bestandteil des Lebensrhythmus, ebenso werden die großen christlichen Feiertage im Kreise der Familie begangen. Dabei geht es in aller Regel sehr fröhlich zu. Generell sind die Iren ein Volk, das die Gemeinschaft liebt. Und alle Dinge, die sich in Gemeinschaft besonders gut erleben lassen. Dazu gehört natürlich das ausführliche abendliche Geschichtenerzählen, aber auch der alltägliche Plausch am Straßenrand. Ort des Gemeinschaftslebens am Abend ist – vor allem auf dem Land – der Pub, dessen Name sich schon von seinem Zweck ableitet, nämlich ein öffentliches Haus, ein „public house" zu sein. Eine Leidenschaft hat der Ire auch für das Spielen und Wetten. Besonders das auf dem Konti-

Die Temples
Der 1840 eröffnete Pub „Temple Bar" bezieht seinen Namen von Sir William Temple, der am 14. November 1609 als erster Laie zum Kanzler des Trinity College gewählt wurde, welches Amt er bis zu seinem Tode 1627 innehatte. Er erbaute hier im heutigen Stadtteil Temple Bar sein Haus und war der erste von mehreren Temples, die es immer wieder in die irische Hauptstadt führte. Sein ältester Sohn Sir John Temple bekleidete in der obersten irischen Gerichtsbarkeit das Amt des „Master of the rolls". Der Enkel von Sir William trug ebenfalls den Namen Sir William Temple und war als Diplomat und vielseitiger politischer Berater in ganz Europa unterwegs. Während seiner Zeit in Dublin beschäftigte er den später erfolgreichen Schriftsteller Jonathan Swift als seinen Privatsekretär.

nent unbekannte Kartenspiel „Progressive Fortyfive" hat es ihm angetan. Dabei spielen in der Regel sechs Personen an einem Tisch, wobei zwei sich gegenüber sitzende Spieler ein Team bilden. Jeder Spieler erhält in zwei aufeinanderfolgenden Runden fünf Karten, dann werden nach Farben und Höhe der Karten Stiche gemacht. Pro Stich erhält man fünf Punkte; die Mannschaft, die als erste 45 Punkte hat, gewinnt. Auch für Wetten aller Art, insbesondere Sportwetten ist man in Irland empfänglich. Neben Pferderennen sind dabei natürlich auch die irischen Nationalsportarten, die Gaelic Games, Gegenstand. Von den vier Sportarten ist die bekannteste das Gaelic Football, die irische Version des Rugby, die sich in einigen Regeldetails von anderen nationalen Versionen unterscheidet. Im Spiel geht es darum, dass eine der beiden Fünfzehnermannschaften einen runden Ball durch Tragen oder Fußstöße hinter die Torstangen des Gegners befördert. Seinen archaischen Reiz gewinnt das Spiel durch die wühlenden Haufen aus Spielern, die sich aufeinanderwerfen, sobald ein ballführender Spieler erst einmal gestoppt und zu Boden geworfen wurde. Demgegenüber präsentiert sich die zweite beliebte Sportart, das Hurling, als relativ zivil. Es gilt als schnellstes Feldspiel der Welt und hat Ähnlichkeiten mit dem Hockey. Ein lederbezogener Korkball wird mithilfe eines Schlägers über das Feld auf ein Tor geschossen oder getragen. Das Spiel gilt als eines der ältesten der Menschheitsgeschichte und hat seine Wurzeln vermutlich im vierten Jahrhundert.

Mythische Saiten
Die Harfe gehört zu den ältesten Instrumenten der Menschheit überhaupt und war schon im alten Ägypten bekannt. Bereits für das achte Jahrhundert ist die Existenz des Zupfinstrumentes in Irland nachgewiesen. Im Trinity College in Dublin wird das älteste der erhaltenen irischen Exemplare verwahrt. Es wird dem legendären Hochkönig Brian Boru zugeschrieben, ist aber vermutlich nicht ganz so alt. Die „Brian-Boru-Harfe" verfügt über 26 Saiten aus Bronze und ist Vorlage für die im offiziellen Staatswappen der Republik Irland abgebildete goldene Harfe auf blauem Grund. Mit dem Aufkommen der neuen Folk-Bewegung und der Wiederentdeckung keltischer Wurzeln in der irischen Musik ist auch die Harfe wieder stärker in den Vordergrund gerückt.

MUSIK

Die Musik ist ebenfalls Tradition in Irland, die Harfe hat es bis zum nationalen Symbol auf dem Präsidentenwappen gebracht. Sie ist ein jahrtausendealtes Instrument und wurde bereits im fünften Jahrhundert in Harfenschulen an irischen Klöstern unterrichtet. Sie wurde im Mittelalter zum Instrument der Barden, in deren Gesang wiederum die alte keltische Vortragskunst der Druiden weiterlebte. In der traditionellen irischen Musik, die auch als Folk bekannt ist, lebt die Verbindung von Erzähl- und Sangeskunst bis heute weiter. Und in vielen Pubs darf am Abend der Sänger nicht fehlen, der bekannte Weisen meist ironischer Natur vorträgt. In manchen Gegenden werden zudem Volkstänze zu lokalen Festen noch rege gepflegt.

Die Begleitung durch andere Instrumente kam ab dem siebzehnten Jahrhundert auf, wichtigste Instrumente sind die Fiddle und die Metallflöte. In größeren Arrangements kommen gerne der Dudelsack und die irische Trommel dazu, um den Klang des Mittelalters heraufzubeschwören. Bekannte Interpreten traditioneller irischer und eigener Songs sind die „Dubliners". Aber auch an Interpreten moderner Musik herrscht auf der Insel kein Mangel. Für seine Größe hat Irland erstaunlich viele internationale Künstler hervorgebracht. Neben Gruppen wie The Corrs, The Cranberries oder Thin Lizzy haben in den vergangenen Jahren auch Boyzone und Westlife die europäischen Hitparaden gestürmt. Unangefochtene Nummer eins auf der Insel ist allerdings die Gruppe U2, deren Mitglieder nicht nur musikalisch wirken, sondern auch durch ihr Engagement für Nelson Mandela oder den Klimaschutz öffentlich Einfluss nehmen. Es sind die Frauen, die einen mächtigen Trend der vergangenen Jahre prägen, nämlich die Rückbesinnung auf das alte keltische Irland. Sechs irische Künstlerinnen haben sich unter dem Namen Celtic Woman zusammengeschlossen, um traditionelle Elemente mit moderner Pop-Musik zu verbinden. Auch viele regionale Künstler entdecken die gälische Sprache und Kultur als Ausdrucksform ihrer Identität neu. Zur weltberühmten Künstlerin hat es die aus Gweedore in Donegal stammende Eithne Ní Bhraonáin unter ihrem anglisierten Vornamen Enya gebracht. Mit ihren gefühlsbetonten Balladen, teilweise auch in gälischer Sprache gesungen, schafft sie es, eine musikalische Mythenwelt lebendig werden zu lassen.

Seite 39: Das im ausklingenden Mittelalter als dreistöckiger Burgturm erbaute Audley's Castle am südlichen Ufer des Strangford Lough ist ein typisches Denkmal Irlands. Bewohnt ist heute nur noch die umliegende Weide.

Das Gallarus Oratory auf der Dingle-Halbinsel ist eines der ältesten Steingewölbebauwerke der Insel. Es diente als Bethaus einer im siebenten Jahrhundert entstandenen Klosteranlage. Das Gebäude ist so massiv, dass es bis zum heutigen Tage nicht restauriert werden musste.

Die Fundamente von Birr Castle datieren ins zwölfte Jahrhundert zurück. Seit 1620 ist das Schloss im Privatbesitz der Familie Parsons, die es auch heute noch bewohnt. Dennoch sind Teile der Anlage sowie der teilweise im bayerischen Stil des siebzehnten Jahrhunderts angelegte Park für Besucher geöffnet. Das aus der Mitte des neunzehnten Jahrhunderts stammende große Teleskop „Leviathan" war über mehr als siebzig Jahre das größte Teleskop seiner Zeit.

Seite 42/43: Märchenschloss und Glaubensfeste in einem: Die Kylemore Abbey wurde 1868 im romanischen Stil als Privatschloss vom liberalen Parlamentsabgeordneten Mitchell Henry erbaut. Seit 1920 beherbergt das Anwesen den ältesten irischen Benediktinerinnen-Orden, der im Laufe der Jahrhunderte aufgrund von Verfolgung immer wieder seinen Standort wechseln musste.

Oscar Fingal O'Flahertie Wills Wilde wurde als Sohn eines Arztes und einer Schriftstellerin in Dublin geboren. Neben seiner literarischen Arbeit bewegte seine katholischen Landsleute vor allem der Lebenswandel des homosexuellen Autors, der zeitweilig sogar im Gefängnis saß. Seine späten Jahre verbrachte er im liberaleren Paris, auf dem Totenbett wurde Oscar Wilde wieder in die katholische Kirche aufgenommen. Seine Geburtsstadt Dublin hat dem großen Schriftsteller am Merrion Square ein Denkmal gesetzt.

Besonderer Ausdruck der irischen Kultur ist auch die tiefe Religiosität und Würdigung der Verstorbenen. Nicht selten erhält ein geliebter Mensch mehrere Grabsteine von nahe stehenden Personen.

Musizieren ist in irischen Pubs keine Ausnahme, sondern ein Regelfall. Meist spielen kleine Gruppen aus zwei oder drei Musikern eine Mischung aus traditionellen Volksliedern und neueren Folksongs mit aktuellen Texten. Auf größeren Konzerten kommt oft die ganze Bandbreite traditioneller Instrumente zum Einsatz.

Das Oliver St. John Gogarty Public House, bei den Einheimischen einfach „gogarty" ist eine der berühmtesten irischen Herbergen. Das Haus vereint einen Pub, ein Restaurant und ein Hotel unter seinem Dach und steht damit seinem Namensgeber in nichts nach. Gogarty selbst lebte in der ersten Hälfte des zwanzigsten Jahrhunderts als Arzt in Dublin, betätigte sich aber auch als Autor, Humorist und Football-Spieler.

Wirtschaft in Irland

DER KELTISCHE TIGER

Die Entwicklung der irischen Wirtschaft ist eine bemerkenswerte Erfolgsgeschichte des zwanzigsten Jahrhunderts. Als der Inselstaat 1973 der Europäischen Wirtschaftsunion beitritt, liegt der Lebensstandard im Armenhaus Westeuropas gerade mal bei 60 Prozent des Durchschnitts der anderen Mitgliedsländer. Über Jahrzehnte hinweg war Großbritannien fast der einzige Handelspartner für das kleine Irland. Die Landwirtschaft war einer der wichtigsten Erwerbszweige, die Arbeitslosigkeit hoch und viele Menschen verließen ihre Heimat, um ihr Glück woanders auf der Welt zu versuchen. Über zwei Jahrzehnte hinweg wurden in Irland mithilfe von Zuschüssen der Europäischen Union die Verkehrswege modernisiert, Industrieansiedlungen gefördert und der Tourismus angekurbelt. Ausländische Direktinvestitionen, vor allem aus den USA, nahmen deutlich zu, die Staatsverschuldung wurde von 95 Prozent auf 25 Prozent gesenkt, die Arbeitslosigkeit ging von über zehn Prozent auf zeitweise unter vier Prozent

Nur am ersten Weihnachtstag geschlossen: Der Flughafen der Hauptstadt Dublin ist jährlich Drehkreuz für 23 Millionen Passagiere – fast das Sechsfache der irischen Bevölkerung.

zurück und das Wirtschaftswachstum erreichte über lange Jahre hinweg europaweit Rekordwerte. Weitere Ursachen des wirtschaftlichen Erfolges waren die niedrigen Unternehmenssteuersätze sowie ein hervorragendes Ausbildungsniveau der Arbeitskräfte im Lande. Diese Entwicklung brachte Irland in Anlehnung an den südostasiatischen Wirtschaftsboom den schmeichelnden Namen „Keltischer Tiger“ ein. Heute liegt der Lebensstandard auf dem Durchschnitt der EU-Mitgliedsländer, die Lebenshaltungskosten und Kaufkraft liegen sogar höher als in Deutschland. Entgegen früheren Zeiten, in denen Iren massenweise ihr Land verließen, muss man sich nun auf der Insel an Zuwanderung gewöhnen. In der Wirtschaft sind Handwerker und andere Arbeitskräfte aus dem noch jungen EU-Mitgliedsland Polen sehr gefragt.

Probleme bereitet dem Land Ende des ersten Jahrzehnts im dritten Jahrtausend die aus den USA importierte Immobilienkrise. Auch in Irland haben Banken oft wahllos Geld zur Finanzierung auf den Markt geworfen. Gleichzeitig schwächen sich Wirtschaftswachstum und Beschäftigungsboom ab und finden zum europäischen Normalmaß Anschluss. Dennoch sieht man in Irland die Zukunft positiv, Milliardeninvestitionen in Verkehrswege und erneuerbare Energien stehen demnächst an.

Immobilien
Während man in London oder New York Quadratmeterpreise von 4000 bis 6000 Euro für innerstädtische Wohnlagen normal findet, reibt man sich in Dublin erst einmal die Augen. Ausgelöst durch den Wirtschaftsboom der Neunzigerjahre explodierten die Immobilienpreise und liegen heute mehr als zehnmal so hoch als noch Mitte der Neunzigerjahre. Ein Einfamilien-Reihenhaus mit 80 Quadratmetern Grundfläche und zwei Etagen kostet in günstiger Wohnlage schon mal eine Million Euro. Ende 2005 wechselte ein solides Innenstadthaus mit 380 Quadratmetern in Dublins noblem Süden für stolze 55 Millionen Euro den Besitzer. Die OECD fand in einem Wirtschaftsbericht aus demselben Jahr die Immobilienpreise mit 20 Prozent überbewertet. Und auch wenn die Krise auf dem amerikanischen Immobilienmarkt kurzfristig eine kalte Dusche für den überhitzten Markt war, nach wie vor wird in Dublin an allen Ecken und Enden gebaut.

HANDEL UND DIENSTLEISTUNGSSEKTOR

Ein großer Teil des irischen Handels hat sich in den Jahren der EU-Mitgliedschaft vom Handelspartner Großbritannien auf die anderen EU-Mitgliedsländer verlagert. Dennoch bleiben die britischen Nachbarn der wichtigste Handelspartner, gefolgt von Deutschland, Frankreich und den Niederlanden. Außerhalb Europas sind die USA, Japan und Singapur die wichtigsten Abnehmer irischer Produkte und Dienstleistungen. Während in Europa lange Jahre hauptsächlich irische Lebensmittel und Getränke gefragt waren, hat sich mittlerweile ein schwunghafter Handel mit Industrieprodukten wie Maschinen, Pharmaerzeugnissen und Textilien entwickelt. In nur fünfzehn Jahren von 1990 bis 2005 verzehnfachte sich der irische Außenhandelsüberschuss auf rund 25 Milliarden Euro. Bei den Dienstleistungen hat Irland noch ein leichtes Außenhandelsdefizit, das sich jedoch in den kommenden Jahren ebenfalls in einen Überschuss verwandeln dürfte.

Der Tourismus entwickelt sich in Irland immer mehr zu einem Wirtschaftsfaktor. Vor allem Naturliebhaber kommen hier auf ihre Kosten, zum Beispiel bei einem Hausboot-Urlaub auf einem der idyllischen Flüsse.

Mehr als 60 Prozent der Iren arbeiten heute im Dienstleistungsgewerbe und erwirtschaften dort über die Hälfte des Bruttoinlandsprodukts. Führend ist hierbei der Bereich der Finanzdienstleistungen mit Banken und Versicherungen. Zusammen mit dem lange Jahre boomenden Immobiliengewerbe wird hier schon ein Viertel der ganzen Wirtschaftskraft erbracht. Zum bedeutenden Faktor hat sich auch der Tourismus entwickelt, der besonders den ländlichen Regionen zugutekommt und dort Handel und Gastgewerbe beflügelt. Mittlerweile besuchen jährlich mehr als sechs Millionen Menschen die Grüne Insel, wobei die britischen Nachbarn auch hier die größte Gruppe bilden. Einen nicht unbeachtlichen Teil der Dienstleistungswirtschaft in Irland bestreitet nach wie vor der Staat auf allen Ebenen, etwa über die Verwaltungen sowie das Erziehungs- und Gesundheitswesen oder den öffentlichen Personenverkehr. Eine wichtige Wachstumsbranche war in den vergangenen Jahren auch die Informations- und Telekommunikationsindustrie, sowohl im Dienstleistungsbereich als auch im produzierenden Gewerbe. Irland ist nicht zuletzt dank frühzeitiger liberaler Gesetze ein stark wachsender Standort der Software-Industrie. Bereits im Jahr 2000 wurden im „Electronic Commerce Bill" sämtliche digitalen Dokumente als gleichwertig zur Papierform anerkannt.

INDUSTRIE IRLANDS

Die irische Industrie macht gut ein Drittel des Bruttoinlandsprodukts aus und beschäftigt ein knappes Drittel der Erwerbstätigen. Dies wäre noch vor wenigen Jahrzehnten undenkbar gewesen. Die chemische Industrie nimmt heute den Spitzenplatz im produzierenden Gewerbe ein, gefolgt von der Elektronikindustrie und der industriellen Lebensmittelverarbeitung. Auch der Maschinenbau hat sich binnen kürzester Zeit auf ein beachtliches internationales Qualitätsniveau entwickelt und mittlerweile haben Hochtechnologie-Branchen auf der ganzen Insel Einzug gehalten. Insbesondere die biopharmazeutische und die biotechnische Industrie profitieren von einer aktiven Förderung seitens der Regierung, die sich um eine vielfältige Kooperation von Wirtschaft und Wissenschaft kümmert. Und auch in der Medizintechnik hat Irland einiges vorzuweisen, mehr als die Hälfte der 25 weltweit größten Unternehmen verfügen über eigene Produktionsstätten in Irland.

Die über Jahre hinweg boomende Baubranche musste in der Folge der Immobilienkrise einen kleinen Rückgang erfahren, kann aber angesichts groß angelegter Infrastrukturprogramme der Regierung zur Verbesserung des Transportwegenetzes auch für das nächste Jahrzehnt ihre starke Stellung behaupten. Rund 10 Prozent des Bruttoinlandsprodukts werden hier erwirtschaftet.

Obwohl mehr als die Hälfte aller irischen Arbeitnehmer gewerkschaftlich organisiert sind, kam es in der Vergangenheit auf der Insel zu keinen nennenswerten Tarifauseinandersetzungen. In vielen Bereichen der Industrie ist das Lohnniveau in den letzten Jahren deutlich angestiegen und hat so den Lebensstandard der Arbeitnehmer kräftig verbessert.

Die hässliche Seite von Irlands Industrialisierung sind Umweltprobleme. In einigen Hafenstädten oder Flussmündungen begegnet man Kraftwerken, denen man ihr Alter von weitem ansieht. Auf diese bislang unterschätzte Problematik reagierte die Regierung mit sehr ehrgeizigen Zielen. In ihrem Weißbuch zur Umweltpolitik strebt sie den verstärkten Einsatz von Biomasse, Windenergie und Kraft-Wärme-Kopplung an. Auch die Forschungsausgaben im Umweltbereich wurden deutlich erhöht. Möglicherweise kann sich Irland seinen Namen als Grüne Insel hier erneut verdienen.

Torfland
Einen nach wie vor nicht unbeachtlichen Teil der irischen Landwirtschaft bildet das Geschäft mit Torf. Der über Jahrhunderte entstandene Moorboden wird noch heute vielerorts gestochen, in Briketts weiterverarbeitet und macht so rund 5 Prozent der irischen Brennstoffversorgung aus. Diese Tradition geht zurück bis auf das frühe Mittelalter. Im siebzehnten Jahrhundert wurde der Torf von der ärmeren Landbevölkerung zwischenzeitlich auch als Baumaterial für Häuser genutzt. Im neunzehnten Jahrhundert wurde er im Rahmen der Industrialisierung in großem Rahmen als Brennstoff eingesetzt. Das von historischen Postkarten bekannte Torfstechen von Hand findet heutzutage allerdings nicht mehr statt, landwirtschaftliche Maschinen ersetzen auch hier mittlerweile den Menschen.

LANDWIRTSCHAFT

Die Landwirtschaft spielt in Irland traditionell eine bedeutende Rolle, war sie doch über Jahrhunderte hinweg Lebensumfeld und Überlebensbedingung der Menschen auf der Insel. Aufgrund der feuchten Böden und des häufigen Regens war Ackerbau dabei ein harter Broterwerb. Und Missernten stürzten das kleine Land in früheren Jahrhunderten mehrfach in dramatische Ernährungskrisen. Heute arbeiten noch rund 9 Prozent der irischen Bevölkerung in diesem Erwerbszweig, die meisten der gut 140.000 landwirtschaftlichen Betriebe sind Familienunternehmen, die eine gemischte Nutzung betreiben, allerdings nur 1,7 Prozent des Bruttoinlandsprodukts erwirtschaften. Von den 7 Millionen Hektar Landfläche in der Republik Irland werden 5 Millionen landwirtschaftlich genutzt, davon wiederum 80 Prozent als Weideland und zur Futtermittelproduktion. Aufgrund dieser natürlichen Bedingungen machen die Viehzucht und die Milchwirtschaft 58 Prozent der gesamten landwirtschaftlichen Erträge aus. Die Zahl der Rinder in der Republik Irland übersteigt mit 6,5 Millionen nicht nur die Gesamtbevölkerung, sondern auch die der gut 4,5 Millionen Schafe. Letztere sind jedoch ausgesprochen landschaftsprägend und selbst in entlegenen Gebieten eignen sich die kargen, steinigen Wiesen zumindest noch als Weiden für die allseits anzutreffenden Wolltiere.

Unter den landwirtschaftlichen Nutzpflanzen dominiert das Getreide. Neben der für das Bierbrauen wichtigen Gerste wird im Osten und Südosten des Landes hauptsächlich Weizen angebaut. Aber auch Hackfrüchte wie Kartoffeln und Zuckerrüben sowie eine Vielzahl von Gemüsesorten finden sich auf den Feldern zwischen Irischer See und Atlantikküste. Eine nicht unbedeutende Geflügelzucht sowie ein wachsender Anteil an biologischer Landwirtschaft runden die Versorgung auf der Insel ab und sorgen für Exportüberschüsse im Argrarsektor gegenüber den Britischen Inseln und dem europäischen Festland. Nicht umsonst ist also in deutschen Supermarktregalen auch Butter aus irischer Produktion anzutreffen. Ein Trend der letzten Jahre ist die professionelle Pferdezucht, die sich aus der Landwirtschaft heraus mehr und mehr zu einem eigenständigen kleinen Wirtschaftszweig entwickelt.

Durch die Förderpolitik der EU für ein qualitativ hochwertiges und BSE-freies Rindfleisch hat die Rinderzucht in den letzten Jahren auf der Insel die Oberhand gewonnen.

FISCHEREI

Die Fischerei kann in Irland auf eine Jahrhunderte währende Tradition zurückblicken. In einem Land, in dem kein Punkt weiter als 150 Kilometer vom Meer entfernt ist und das über reichhaltige Binnengewässer verfügt, gehörte frisch gefangener Fisch regelmäßig zum Speiseplan. Irischer Fisch wurde sogar bis ins entfernte Spanien exportiert. Vor allem der Hering war es, der den gewerbsmäßigen Fischern ihr Einkommen bescherte. Mit der aufkommenden Viehzucht im achtzehnten Jahrhundert geriet die Entwicklung der Fischerei jedoch zur Nebensache. Und schon damals waren auch erste Auswirkungen von Umweltverschmutzung bekannt. Durch das Verbrennen von Algen und Seetang wurden die Laichplätze der Fische in Mitleidenschaft gezogen, zudem fehlte es der Brut an natürlicher Nahrung. Ein weiteres Problem war dazumal schon die Überfischung mit engmaschigen Netzen, die die Population in einigen Bereichen deutlich dezimierte. Trotz der „Irish Potatoe Famine“, der großen Hungersnot des neunzehnten Jahrhunderts, ging die Fischerei in Irland weiter zurück. Die Fischfangflotten wurden nicht modernisiert, viele arbeitsfähige Menschen verließen das Land. Doch es gab auch umgekehrt verlaufende Entwicklungen. Insbesondere in einzelnen Regionen, die den Fischfang bislang nicht betrieben hatten, griff man zu dieser Form der Selbsthilfe. So entwickelte sich Dingle seit 1830 zu einem der wichtigsten Fischereistandorte an der Westküste. Mitte des zwanzigsten Jahrhunderts begann der irische Staat, die Fischereiindustrie systematisch zu fördern und auszubauen. Mit Castletownbere, Dingle, Dunmore East, Howth, Killybegs und Rossaveel verfügt die 1800 Schiffe zählende Fischfangflotte der Republik Irland heute über moderne Fischereihäfen entlang der ganzen Küste. Mit Ardglass, Kilkeel und Portavogie steht den gut 330 Schiffen der nordirischen Kollegen ebenfalls eine gute Infrastruktur zur Verfügung. Zu Beginn des einundzwanzigsten Jahrhunderts macht der irischen Fischerei allerdings der zunehmende internationale Wettbewerb in den Hochseefischgründen zu schaffen. Ein weiteres drängendes Problem für die Fischerei dieser Zeit ist der ständig steigende Ölpreis. Den industriellen Strukturen der Hochseefischerei gegenüber stellen sich die Binnenfischerei und das Angeln eher als Touristenprogramm dar. Die Bedeutung Irlands als eines der beliebtesten Anglerziele weltweit ist dennoch nicht zu unterschätzen.

325.000 Tonnen Fisch fängt die irische Flotte jedes Jahr, das macht rund 80 Kilogramm pro Einwohner.

Schafe auf der Halbinsel Dingle bei den Klippen der Bergkuppen "Three Sisters". Die Landschaft faziniert durch ihre Weite, ihre endlos grünen Weiden und die karge Schönheit der schroffen Felsklippen an der Meeresküste.

Seite 56/57: Häufig sind irische Weideflächen durch die traditionellen Steinmauern oder Hecken voneinander getrennt. So kommen sich Rind und Schaf nicht in die Quere.

Traditionelles Cottage mit Reetdächern und Obstbäumen an der Westküste bei Doolin.

Im Hafen von Dingle im Westen der Insel ist leicht zu sehen, womit die Menschen hier ihr Geld verdienen. Der Ort hat kaum zweitausend Einwohner, gibt aber der ganzen Halbinsel seinen Namen und ist viel besuchtes Tourismus-Ziel.

Pferdezucht und Pferdehaltung haben in Irland traditionell weite Verbreitung. In den letzten Jahren sind verstärkt die wirtschaftlichen Vorzüge dieser Tradition in den Vordergrund gerückt. Neben dem Arbeitspferd wird das Pferd für den Freizeitsport immer bedeutsamer.

Seite 62/63: Die Romantik der Fischerboote kann man nicht nur im Hafen erleben. Bei vielen kleinen Kuttern ist es möglich, mit auszufahren. Früh aufzustehen ist allerdings Voraussetzung.

STAR
WD15

SO 520

Geografie der Insel

Die irische Insel reicht im Westen vom 5. bis zum 10. Längengrad und im Norden vom 51. bis zum 54. Breitengrad. Sie bildet den äußersten Nordwesten Europas und fußt auf dem Festlandsockel der eurasischen Platte. Östlich trennen die Irische See, der Sankt-Georg-Kanal und der Nordkanal Irland von Großbritannien. An der engsten Stelle ist die schottische Insel Kintyre weniger als 20 Kilometer entfernt, die weiteste Entfernung zur walisischen Küste liegt bei rund 200 Kilometern. Die Ostküste Irlands fällt meist flach zur Irischen See hin ab, die im Durchschnitt eine Tiefe von rund 200 Meter erreicht. Im Norden, Westen und Süden hingegen dominieren eiszeitlich geformte steile Klippen und weitläufige Buchten den Küstenverlauf.

„Tuathal's Sichel", so die Bedeutung des höchsten Berges der irischen Insel. Tuathal Techtmar, der legendäre Eroberer der irischen Insel, stellt die irische Entsprechung des Kelten-Gottes Teutates dar, der „Herrscher der Menschen" war.

Die von Flusstälern durchschnittenen Berge im Süden werden von rotem Sandstein und Kalkstein geformt, wohingegen die Felsen der Westküste vorwiegend aus Granit bestehen. Im Nordosten rundet vulkanischer Basalt die Vielfalt der landschaftlichen Eindrücke ab. Stellenweise unterbrechen malerische Sandstrände die schroffen Gesteinsformationen an den Küsten. Das Landesinnere ist von einer sanften Hügellandschaft und weiten Ebenen durchzogen, auf deren Fundament aus Kalkstein die Gletscherablagerungen aus Sand und Ton die Bodenbeschaffenheit bestimmen. Eine Vielzahl von Seen und Torfmooren durchzieht die Insel, kleine und mittlere Flüsse bilden die Versorgungsadern für das augenfüllende Grün des Landes. Mit 1041 Metern ist der Carrauntoohil im Südwesten der Insel die höchste Erhebung. Zusammen mit dem Benkeragh und dem Caher dominiert er die Macgillycuddy's Reeks, einen Gebirgszug mit rund 100 Gipfeln westlich von Killarney. Im Nordwesten besticht der Tafelberg Ben Bulben bei Sligo mit seinen 527 Metern weniger durch seine Höhe als durch seine faszinierende Zweiteilung in einen grünen Sockel mit felsgrauem Aufsatz. Bei Newcastle ist mit dem 850 Meter hohen Slieve Donard der höchste Berg Nordirlands zu finden. Er bildet

Irland und Nordirland
Hauptstadt
100.000 – 500.000 Einwohner
20.000 – 100.000 Einwohner
100 – 20.000 Einwohner
500 – 1000 m
200 – 500 m
50 – 200 m
0 – 50 m
See/Fluss
Fernverkehrsstraße
Grenze zwischen Nordirland und Irland
0
36 km
Nordirland
Irland
Coleraine
Lough Foyle
Derry
Bann
Ballymena
Ballybofey
Foyle
Antrim
Belfast Lough
Bangor
Cookstown
Lough Neagh
Belfast
Omagh
Lower Lough Erne
Lurgan
Lisburn
Donegal Bay
Enniskillen
Portadown
Sligo
Upper Lough Erne
Newry
Lough Allen
Lough Conn
Ballina
Erne
Carrick-on-Shannon
Cavan
Dundalk Bay
May
Castlebar
Longford
Drogheda
Lough Mask
Roscommon
Lough Ree
Navan
Boyne
Lough Corrib
Mullingar
Dublin
Claregalway
Athlone
Galway
Tullamore
scher
Galway Bay
Naas
Dun Laoghaire
Dodder
Portlaoise
Wicklow
Kilfenora
Barrow
Lough Derg
Inchiguin Lough
Nenagh
Ennis
Carlow
Arklow
Limerick
Slaney
Doonaha
Shannon
Thurles
Kilkenny
Sankt-Georg-Kanal
Foynes
Clonmel
Wexford
Suir
Tralee
Taur
Waterford
Blackwater
Dingle Bay
Killarney
Dungarvan
Cork
Waterville
Lee
Ballincollig
Glengarriff
Keltische See

Clocktower am Hafen von Knightstown auf Valentia Island.

die östliche Spitze der Mourne Mountains und liegt direkt an der Küste. Der Hausberg von Dublin ist der 504 Meter hohe Great Sugar Loaf, der „Große Zuckerhut". Er ist Bestandteil der Wicklow Mountains, die sich südlich der Haupstadt an der Ostküste der Insel erstrecken.

KLIMATISCHE BEDINGUNGEN UND WETTER

Von besonderer Bedeutung für das Klima Irlands ist der Golfstrom, der mit seinem wohltemperierten Wasser die Insel umströmt. Das ozeanische Klima beschert Irland eine ganzjährige Ausgeglichenheit. Während im Sommer die Temperaturen kaum Hitzegrade erreichen, bleibt umgekehrt der Winter von milder Natur und in vielen Teilen des Landes ohne Schnee und Eis. Die Jahreszeiten unterscheiden sich weit weniger deutlich als auf dem Kontinent. Die niedrigsten Durchschnittstemperaturen werden im Januar und Februar gemessen: knapp 8 Grad Celsius. In den wärmsten Monaten Juli und August steigt das Quecksilber gerade einmal auf angenehme 18 bis 20 Grad Celsius im Durchschnitt. Temperaturen über 30 Grad sind extrem selten, genauso wie anhaltender Frost. Die Windgeschwindigkeit schwankt zwischen mäßig im Landesinneren und stark in den Klippenregionen der Nord- und Westküste. Die atlantischen Winde mit Hauptrichtung aus Südwest treiben die Wolken zügig über die Insel, wobei diese an den Klippenzügen des Westens und Nordens sowie in den Bergen und Hügeln des Landesinneren ihre feuchte Fracht von sich geben. Der sprichwörtliche irische Regen ermöglicht so die immergrüne Vegetation der Insel. Die Niederschlagsmenge im östlichen Landesteil liegt zwischen 750 und 1000 Millimetern im Jahr, im Westen zwischen 1000 und 1250 Millimetern. Diejenigen Gebirgszüge, welche die Wolken als erste abfangen, kommen allerdings deutlich über 2000 Millimeter Niederschlag. Es regnet in Irland an ca. 150 bis 200 Tagen im Jahr, oft mehrfach am Tag für kurze Zeit. Im Dezember und Januar regnet es besonders viel, April und Juni gelten als die trockensten Monate. Im Mai und Juni kann man angesichts zu erwartender fünf bis sieben Sonnenstunden pro Tag die schönste Zeit erleben. Aber selbst wenn man mit dem Wetter in Irland vermeintlich Pech hat, so blitzt schon kurze Zeit später ein strahlend blauer Himmel auf und ein Regenbogen zeugt am Horizont vom verflossenen Regen. Und nichtzuletzt aufgrund der Unbekümmertheit seiner Bewohner muss man das „gefühlte Klima“ Irlands deutlich positiver erleben.

IRLANDS KÜSTE

Auf der Seeseite kann die irische Insel weitestgehend mit dem Auto „erfahren“ werden und bietet reizvolle Panoramastraßen, da Irland praktisch komplett von Gebirgen und Hügelketten umringt ist. Der Küstenverlauf auf der gesamten Ostseite ist eher gleichmäßig und größere Buchten sind lediglich vor Belfast, Dundalk, Dublin und Rosslare zu finden, tiefere Einkerbungen fehlen. Eine Ausnahme hiervon bildet lediglich der Strangford Lough im Südwesten Nordirlands, der eine Verbindung zur irischen See hat und und als Meeresarm klassifiziert wird, wenngleich er praktisch nur einen inländischen Küstenverlauf hat. An der Ostküste liegen aufgrund der geografischen Nähe zu den Britischen Inseln sowie den Siedlungsschwerpunkten um die beiden Haupstädte auch die Haupthandelshäfen der Insel. Daneben locken eine Reihe von Sandstränden von Newcastle im Norden bis Wexford im Süden zahlreiche Badegäste an die eher windabgewandte Seite der Insel. Weiterhin ziehen sich die Sandstrände entlang der kompletten Südostspitze der Insel bis Waterford, die Region zwischen Dungarvan und Cobh an der Südküste nennt sich gar die „Irische Riviera“. Zwar erreicht die Wassertemperatur keine Mittelmeerwerte, dennoch sind Luft und Wasser im Süden der Insel wärmer. Badegäste und Wassersportler bevölkern diese Region, die indes im Vergleich zu den Seebädern Südenglands noch nicht überlaufen ist. Auf der ganzen Küstenlinie sind reizvolle kleine Fischerdörfer zu finden, die aus der Not der Armut eine Tugend gemacht haben und ihr beschauliches Äußeres mittlerweile liebevoll herausputzen.

Vor allem an der Westküste ragen steile Felsen und imposante Gruppen von Felseninseln in den Atlantik hinaus.

Westlich von Cork verändert sich die Küstenlinie zusehends, gewinnt an unregelmäßiger Kontur und wird wilder. Klippen werden zum regelmäßigen Anblick und flache Strandabschnitte sind im Südwesten seltener zu finden. Ihren Abschluss findet die irische Insel in den fünf Halbinseln des Südwestens, die wie knöcherne Finger einer Hand in den Atlantik hinausgreifen. Die dazwischen liegenden Buchten von Dingle und Bantry sind dereinst aus eingestürzten Flusstälern entstanden und ragen mitunter steil

Seefahrer-Patron
Der vermutlich im Jahr 483 in der Nähe von Tralee geborene heilige Brendan trägt auch die Beinamen „Der Reisende“ oder „Der Navigator“. Anzunehmen ist, dass Brendan nach einer Reihe von Klostergründungen in Irland auch Schottland, Wales und die Bretagne bereiste. Schnell bildeten sich die ersten Legenden um den seefahrenden Abt, der auf der Suche nach dem Paradies gewesen sein soll. Diese hat ihn angeblich bis auf die Kanaren und Azoren und sogar nach Island und Nordamerika geführt. Seine erfolgreichste Klostergründung war Clonfert in Galway, in dieser Region wurde der heilige Brendan nach einem für die damalige Zeit extrem langen Leben von rund 100 Jahren auch zu Grabe getragen.

und schroff in die Höhe. Mit den Halbinseln des Südwestens verändert sich der Charakter der irischen Küste zum Westen hin. Die stark zerklüfteten Gesteinsformationen bestehen vorwiegend aus Granit. Großartige Landschaftseindrücke kann man etwa bei den Cliffs of Moher oder den Kilkee Cliffs genießen, in nördliche Richtung franst die Küstenlinie förmlich aus, zahlreiche Buchten, Inseln und Felsvorsprünge zeugen von der formgebenden Aktivität der seit Jahrtausenden ankommenden Atlantikwellen. Das Wetter auf dieser Seite der Insel ist rauer, der erste und meiste Regen treibt hier dem Wanderer seine Tropfen ins Gesicht. Aber nicht nur die gelegentlich stärkeren Winde nehmen einem den Atem, mehr noch ist es die unbändige Kraft der Natureindrücke und die ungezähmte Wildheit der Landschaft. Und dann finden sich schließlich doch noch immer wieder kurze Abschnitte, auf denen auch die Westküste einige wenige Sandstrände zu bieten hat. Sie schaffen so einen unerwarteten Kontrast zur Hauptlinie. Je weiter man nördlich kommt, desto karger und steiniger wird die Küstenlandschaft. Durch das Abdriften der Gletscher in der letzten großen Eiszeit und eine bis heute anhaltende Erosion bringt der Boden neben Granit auch andere Gesteinsschichten zutage, die sich in der Brandung des Atlantik zu vielerlei skurrilen Kunstwerken formen. Abgerutschte Felsbrocken bilden Landvorsprünge, durch Unterspülung des Kalksteins schlägt an anderer Stelle das Meer eine neue Schneise ins Land. Im äußeren Norwesten tritt Schiefer zutage, der Jahrmillionen unter anderen Gesteinsschichten verborgen war.

An der nördlichen Küstenlinie überdeckt eine Basaltschicht die Landschaft. Die vor rund 60 Millionen Jahren aus dem Erdinneren heraufgequollene Lava formt ein Plateau, das tiefer liegende Schichten aus Kalkstein, Lehm, Schiefer und Sandstein konserviert. Beständige Erosion und die nimmermüden Wellen des Meeres haben im Laufe der Zeit an etlichen Stellen Teile der Basaltschicht abgetragen, wodurch heute eine Vielzahl unterschiedlichster geologischer Formationen die Küstenlandschaft zu einem abwechslungsreichen Landstrich macht. Die faszinierendsten Eindrücke vermittelt jedoch der vulkanische Basalt selbst, wie er am Giant’s Causeway als schwarze Geometrie von der weißen Gischt umspült wird.

Seite 69: Die Berge von Connemara sind ein Paradies für alle Wanderer und Naturfreunde.

Eindrucksvoll erhebt sich der Tafelberg Ben Bulben in Sichtweite der Küste über die Region nördlich von Sligo. Der eiszeitliche Kalksteinriese beheimatet eine einzigartige Pflanzenwelt und ist Gegenstand zahlreicher mythischer Geschichten.

Das kleine Städtchen Carlingford an der gleichnamigen Bucht im Nordosten Irlands war ein beliebter Landeplatz für normannische Schiffe, vorausgesetzt, sie hatten genügend Wasser unter dem Kiel.

Die faszinierende Geometrie der Basaltsäulen am Giant's Causeway ist auf rein natürliche Weise vor rund 60 Millionen Jahren entstanden. Die unterschiedlich hohen Säulen haben meist einen regelmäßigen sechseckigen Grundriss, einige sind auch achteckig. Der von der UNESCO in den Rang des Weltnaturerbes erhobene Küstenabschnitt ist beliebtes Ziel für Tagesausflüge von Belfast aus.

Von der Nordostküste Irlands bei Fair Head lässt sich die weniger als zehn Kilometer entfernte Insel Rathlin erkennen.

Seite 76/77: Inseln, Wolken, Sonne, Meer und Berge treffen an Irlands Küste aufeinander und führen ein faszinierendes Spiel der Farben und Formen vor.

Seite 78/79: Irlands Ostküste ist sowohl von bizarren Kliffküsten geprägt als auch von flachen Stränden, die vom Wirken der Gezeiten geformt worden sind. Während der regenarmen Monate Mai und Juni geben die Zuflüsse – wie hier der Carlingford Lough – einige Meter Ufer frei.

An der Westküste von Galway treffen seit Jahrmillionen die Naturgewalten aufeinander. Der Fels bricht das Wasser und umgekehrt.

Steil und schroff erheben sich die Klippen aus dem Meer an der nordirischen Küste im County Antrim. Die Granitformationen des „Giant's Causeway" und die Ruine von Dunluce Castle sind nur eine Klippenwindungen entfernt.

Seite 82/83: Die schroffen und bis zu 200 Meter hohen Steilklippen im Südwesten Irlands: die Cliffs of Moher, eine der Hauptattraktionen der Grünen Insel.

Provinzen und Grafschaften

Die vier ehemaligen Provinzen Irlands haben heute im Verwaltungsaufbau der Insel keine Bedeutung mehr. Dennoch sind sie als historisch überlieferte Gebietszuschnitte noch in vielen anderen Bereichen präsent, ob in den Geschichtsstunden des Schulunterrichts, bei der Gliederung von Sportverbänden oder einfach nur im Rahmen der üblichen Spöttereien und Typisierungen, die stattfinden, wenn Menschen unterschiedlicher regionaler Herkunft aufeinandertreffen. Ihren Ursprung finden diese Provinzen in den fünf historischen Königreichen der Insel. Ulster bildete den Norden, Connacht den Westen, Munster den Süden und Leinster den Osten. Der Hill of Tara war der legendäre Sitz der irischen Hochkönige und lag auf dem Gebiet des fünften Königreiches Meath im Inneren des Landes. Nach jahrhundertelangen Auseinandersetzungen konnten die Herren von Leinster die Nachbarn von Meath jedoch besiegen und in ihr eigenes Königreich eingliedern. Die historischen Grafschaften (Counties) sind im Großen und Ganzen noch heute in ihren Grenzen erhalten und bilden als solche die lokale Verwaltungsebene, vergleichbar mit Landkreisen. Des Öfteren tragen die Grafschaften und ihre Verwaltungsstädte denselben Namen, was wiederum auf ehemalige Herrscher gleichen Namens zurückzuführen ist. Viele der Verwaltungssitze liegen auf den ersten Blick ungewöhnlich weit am Rand ihrer Grafschaften, was unter anderem auf die historischen Verkehrsstrukturen und Handelsbeziehungen zurückzuführen ist. Die Vielzahl der klingenden Namen mag uns heute einen Eindruck davon vermitteln, mit welchem Stolz die Clan-Anführer und kleinen Landadeligen sich ständig gegenseitig zu übertrumpfen oder im wahrsten Sinne des Wortes auszustechen versuchten.

Die Grüne Insel kann gelegentlich auch rot leuchten. In Portmagee, County Kerry, schmückt man auch das einfache Cottage mit den Segnungen der Natur.

Die Provinz Leinster umfasst den östlichen und südöstlichen Teil der Insel und ist mit der Hauptstadt und dem Großraum Dublin auch der am dichtesten bevölkerte Landesteil. Ursprünglich bestand Leinster aus 12 Grafschaften, im Zuge der letzten Verwaltungsreform wurde Dublin jedoch in drei Verwaltungsbezirke unterteilt. Der Hauptstadt schließt sich im Süden das County Wicklow mit seinen reizvollen Bergzügen an. Weiter im Süden bildet Wexford mit dem gleichnamigen Verwaltungssitz die Südostspitze der Insel. Die Stadt mit ihrem Hafen ist eine wikingische Gründung aus dem frühen neunten Jahrhundert. Nordwestlich zur Landesmitte schließen sich die Grafschaften Kilkenny und Carlow, ebenfalls mit gleichnamigen Verwaltungssitzen, an. Die durch Gebirgszüge von der Küste getrennte Gegend ist fruchtbar und so etwas wie die Kornkammer der Insel. Das County Kildare südwestlich von Dublin konnte sich nicht zuletzt dank der Nähe der Hauptstadt zur Hochburg der Pferdezucht in Irland entwickeln. Viele wohlhabende Menschen pflegen hier auf ihren Landsitzen das Wochenende zu verbringen und sich vom Trubel in Dublin zu erholen.

Die Wicklows
Zahlreiche Sehenswürdigkeiten wie die frühchristliche Klosteranlage in Glendalough erwarten den Wanderer im Wicklow County. Wandern in den Wicklows gilt als Pflichtprogramm für den Irland-Urlauber. Der Mittelgebirgszug im Süden der Stadt Dublin bietet angenehme und nicht zu anstrengende Pfade, viele davon im Nationalpark Wicklow Mountains. Die kaum bewaldeten Hügel werden von Mooren und Heidekrautlandschaft dominiert. Enge Täler und etliche Wasserläufe sorgen für topografische Abwechslung. Und nicht zuletzt ist es das milde Klima der Ostküste, das die Gegend zum beliebten Erholungsraum macht.

Die weiter westlich gelegenen Counties Laois und Offaly werden von einer gemeinsamen Verwaltung, aber mit eigenen County Councils geführt. Zusammen mit Westmeath bilden sie die Kernregion der irischen Insel. Sie ist dünn besiedelt und landwirtschaftlich geprägt. Zahlreiche Burgruinen und Klöster weisen auf die ebenfalls reiche Geschichte des Landstrichs hin. Im Nordwesten bildet die kleine Grafschaft Longford die Provinzgrenze zu Connacht und Ulster. Die Gegend ist wegen etlicher Flüsse und Seen feucht und sumpfig, im Süden fließt der Royal Canal hindurch. Die beiden Counties Meath und Louth nördlich von Dublin gehören zu den geschichtsträchtigsten Flecken des Landes. Orte wie der Hill of Tara, die Grabstätte Newgrange, die Klosteranlage Monasterboice oder King John's Castle in Carlingford bilden einen kompletten Abriss der irischen Geschichte über die Jahrtausende. Louth als Grenzregion zum nordirischen Teil der ehemaligen Provinz Ulster hatte zudem über Jahrzehnte unter der Trennung und den späteren Unruhen des Nordirland-Konflikts zu leiden.

Die sechs Grafschaften der Provinz Munster im Südwesten der irischen Insel versammeln mit einer Vielzahl an Sehenswürdigkeiten und Natureindrücken den Großteil der Irland-Besucher außerhalb Dublins. Das im Westen an Wexford grenzende Waterford geht ebenfalls auf Gründung durch die Wikinger zurück.

In dieser Region sind einige der schönsten Ferienplätze und herrliche Badestrände zu finden. Dominantes Zentrum des Südwestens ist Cork, Irlands heimliche zweite Hauptstadt, auch Sitz der gleichnamigen Grafschaft. Sie ist an Fläche die größte in Irland und reicht von dem mittelalterlichen Städtchen Yougal mit seiner sehenswerten protestantischen Kirche bis zu Irlands südwestlichstem Punkt am Leuchtturm von Mizen Head. Die Gegend ist farbenfroh und vielfältig, was man nicht nur an den bunt bemalten Häusern vieler Bewohner erkennen kann. Man liebt hier Blumen und verabscheute in der Vergangenheit die englischen Besatzer. Die Versuche, die Region durch die Munster Plantation etwas protestantischer und loyaler zur britischen Krone zu gestalten, schlugen kläglich fehl. Zusammen mit dem County Kerry bildet der Südwesten die fünf Finger aus, als die man die weit in den Atlantik reichenden Halbinseln auch bezeichnet. Der wundervolle Rundkurs des Ring of Kerry zeigt einige der unterschiedlichsten Landschaftseindrücke, an denen Kerry so reich ist. Der höchste Berg im Süden, die Bucht des längsten Flusses im Norden, zu viel für einen Herrscher. Über etliche Jahre hinweg war die Grafschaft in die beiden Hälften Thormond im Norden und Desmond im Süden geteilt. Die Grafschaft Limerick schließt sich im Norden an, verläuft südlich längs der Bucht des Shannon. Aufgrund ihrer strategisch wichtigen Lage ist die Stadt Limerick in ihrer Geschichte kaum um eine Auseinandersetzung herumgekommen.

Alter Adel
Sie gelten manchen sogar als Namensgeber der Stadt und des County Donegal: Der irische Clan der O'Donnells herrschte vier Jahrhunderte lang über die Region im Nordwesten der Insel. Zusammen mit dem Clan der O'Neil zählen sie die legendären Hochkönige des frühen Mittelalters zu ihren Vorfahren. Im dreizehnten Jahrhundert begründete Eigneachan die über 24 Generationen währende Regentschaft des Clans als Lords of Tyrconell. Red Hugh O'Donnell erbaute im sechzehnten Jahrhundert Donegal Castle, vermutlich auf den Überresten einer wikingischen Festung des zwölften Jahrhunderts. Er war es auch, der an der Seite von Hugh O'Neill den letzten großen Versuch der irischen Aristokratie unternahm, die englische Fremdherrschaft abzuschütteln. Mit der „Flucht der Grafen" im Jahr 1607 endete auch die Herrschaft der O'Donnells in Donegal.

Den bedrohlichsten Konflikt hatte sie jedoch im letzten Jahrhundert mit sich selbst auszustehen. Die Industrie hat über Jahrzehnte die Gegend geprägt, noch heute ist die Bucht des Shannon statt von romantischen Normannenburgen von zwei Heizkraftwerken flankiert. Die Grafschaft Clare bildet für sich genommen eine Halbinsel, die im Süden durch den Shannon und im Osten vom Lough Derg begrenzt wird. Im Westen zeigen die Klippen von Moher und Kilkeel dem Menschen die Grenze zum Atlantik auf, im Norden erwartet den Besucher das Kalksteinplateau des Burren. Die karge Region erweckt den Eindruck, es habe wochenlang Steine vom Himmel geregnet. Im strahlenden Sonnenlicht schimmert die Landschaft in einem bläulichen Ton. Im Osten schließt sich das weitflächige Tipperary an, Munsters einzige Grafschaft ohne Zugang zum Meer, dafür mit dem Hauptsitz des alten Königtums auf dem Rock of Cashel. Die imposante mittelalterliche Burganlage ist eines der bedeutendsten Monumente der gesamten irischen Insel.

Die Provinz Connaught gilt als die am wenigsten entwickelte Region der irischen Insel. Sie umfasst die fünf Counties Galway, Mayo, Roscommon, Sligo und Leitrim im Westen des Landes. Die Gegend ist dünn besiedelt und besonders die Grafschaft Galway stellt das Hauptverbreitungsgebiet der irischen Sprache dar. Die westlich von Galway liegende Halbinsel Connemara bietet

Im sparsamen County Sligo vermutlich schon ein kleines Schloss – ein Cottage an der Küste.

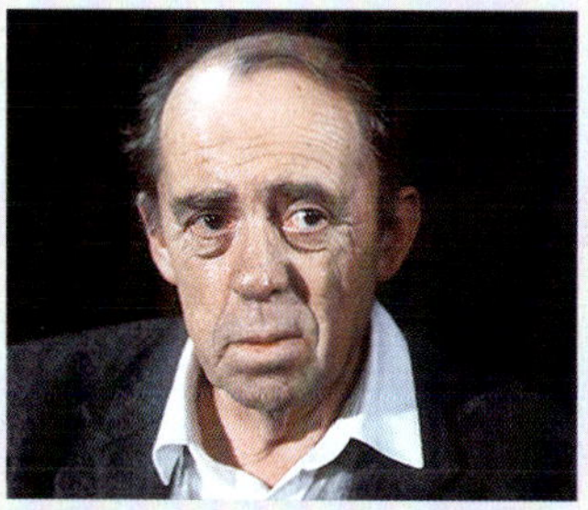

Freund der Insel
Im Jahr 1954 reist der deutsche Schriftsteller und spätere Literaturnobelpreisträger Heinrich Böll zum ersten Mal nach Irland. Er ist tief beeindruckt von dem bis dahin bei den Deutschen weithin unbekannten Land am Rande Europas. Bereits im Folgejahr kehrt er wieder und bringt schließlich 1956 auch seine Familie mit zum Urlaub dorthin. 1957 fasst er seine Eindrücke von der Insel in seinem Werk „Irisches Tagebuch" zusammen. Im Jahr darauf erwirbt er ein kleines Anwesen in Dugort auf Achill Island. Für fast zwei Jahrzehnte ist das Cottage nun Rückzugsraum und zweite Heimat des Künstlers aus Köln, der zeitlebens vom bodenständigen Katholizismus der Iren und der literarischen Tradition des Landes fasziniert ist. Und auch die Trinkfestigkeit der Iren erlebt und beschreibt Böll gerne.

mit ihrer Abgeschiedenheit enorme landschaftliche Reize, derer sich nicht nur die unzähligen Schafe erfreuen. Nach Norden geht die Region über in die Grafschaft Mayo, vor deren Küste Achill Island liegt. Auf der Insel bewohnte der deutsche Literaturnobelpreisträger Heinrich Böll rund zwei Jahrzehnte ein heute nach ihm benanntes Cottage als Ferienhaus. Inmitten von Mayo liegt der 57 Quadratkilometer große Lough Conn. Im Museum von Céide Fields an der nördlichen Küstenlinie Mayos kann man einen tiefen Eindruck vom steinzeitlichen Leben gewinnen, das im ganzen Landstrich seine Spuren hinterlassen hat. Am zahlreichsten gesegnet mit den Hinterlassenschaften der Vorzeit ist allerdings die Grafschaft Sligo, die sich nordöstlich an Mayo anschließt. Eine Vielzahl historischer Monumente und Grabstätten von nationaler Bedeutung ist hier zu finden. Die Landschaft besticht mit üppigem Grün. Am Fuße des imposanten Tafelberges Ben Bulben liegt der Dichter William Butler Yeats begraben. Zwischen den Grafschaften Sligo, Mayo und Galway zieht sich das County Roscommon flach in das Landesinnere zurück. Die Gegend ist geprägt vom Mittellauf des Shannon und seinem Zufluss Suck; Feuchtwiesen, Sümpfe und Torfmoore bestimmen das Landschaftsbild. Im Nordosten zieht sich das County Leitrim von den Seen des Shannon-Oberlaufs bis zur Küste im Nordwesten als Grenze der Provinz Connaught zu Ulster entlang. Während der großen Hungersnot im neunzehnten Jahrhundert hat der Landstrich mehr als die Hälfte seiner Einwohner eingebüßt und hat auch heute gerade noch knapp 26.000 Einwohner. Zum Norden hin bilden Tafelberge die Grenze, in der Mitte teilt Lough Allen die Grafschaft, im Süden dominieren kleinere Seen und die „Drumlins" genannten oval-länglichen, eiszeitlichen Moränenhügel die Landschaft.

Versehentlich wird die historische Provinz Ulster oft mit Nordirland gleichgesetzt, dabei gibt es mit Monaghan, Cavan und Donegal auch drei Grafschaften der Republik Irland, die diesem Landstrich zuzurechnen sind. Das ländlich geprägte Cavan verläuft im Landesinneren von Meath im Osten bis nach Leitrim im Westen als langgezogener Gürtel durch eine an Seen und Tümpeln reiche Landschaft. Die ebenfalls zentral im Landesinneren gelegene Grafschaft Monaghan schließt nördlich an und hatte besonders unter der irischen Trennung zu leiden, waren doch ihre

Verkehrswege und Handelsbeziehungen praktisch vollständig nach Belfast ausgerichtet. Dies bekam vor allem die traditionell starke Textilindustrie zu spüren; aus dem Flachsanbau von Monaghan stammt ein Großteil des über Belfast gehandelten Leinentuches. Die politische Trennung Irlands in den Zwanzigerjahren hat besonders die Grafschaft Donegal in eine Sonderrolle gebracht. Bei dem Städtchen Bundoran verbindet die Grafschaft ein schmaler Korridor von fünf Kilometer Breite mit dem Rest der Republik Irland. Das karge Hochland am nordwestlichen Ende der Insel wird oft mit Schottland verglichen. Es ist ebenfalls eine Region, in der das Gälische gepflegt wird, allerdings in einem zum Schottischen tendierenden Dialekt. Vom regionalen Zentrum Derry abgeschnitten, hat Donegal über Jahrzehnte hinweg ein Nischendasein geführt. Für Ackerbau ist die Landschaft nicht geeignet; was auf den Tisch kommt, wird dafür aus den Weiten des Atlantiks gezogen. Mit dem Glenveagh-Nationalpark beheimatet Donegal einen wahren Schatz der Natur, aber auch die Klippenküste und viele Inseln fesseln das Auge.

Ob Stadt oder Land, alt oder neu, das Gesicht eines Hauses ist die Eingangstür, müssen sich viele Iren denken. Wie hier in einer kleinen Seitenstraße am Stadtrand von Derry.

Der Fluss und die Bucht des Foyle trennen die Grafschaft mit der Halbinsel Inishoven von dem Teil Ulsters, der heute zwar politisch Großbritannien angehört, in Kultur und Tradition dennoch immer irisch war. Bei der Stadt Derry verläuft die Grenze, die Nordirland über Jahrzehnte vom Rest der Insel trennte und auch die Provinz Ulster quer durchteilte. Sowohl Stadt als auch Grafschaft werden wahlweise als Derry oder Londonderry bezeichnet, je nachdem, welche politische Seite man einnehmen will. Im siebzehnten Jahrhundert wurde die Stadt nach massiver Besiedlung durch protestantische Engländer in Londonderry umbenannt, nach der weitgehenden Lösung des Nordirland-Konflikts ist mittlerweile eine Bewegung hin zum historisch unverfälschten Namen erkennbar. Die Grafschaft Derry schiebt sich als Keil von der Nordküste an der Bucht des Foyle hin zur Mitte und schließt südwestlich schmaler werdend am Lough Neagh ab. Entsprechend vielfältig ist die Landschaft.

Mit dem Sandstrand von Portstewart im Norden liegt hier auch eines der gefragtesten Seebäder der Insel. Vom Tourismus der letzten Jahre förmlich überrannt, hat der Flecken wenig mit der ländlich-sittlichen Idylle zu tun, die viele von Irland erwarten.

Auf dem Land ist es zur nächsten Schule manchmal etwas weiter.

Erst im inneren Teil wird es ruhiger. Südlich schließt sich die flächenmäßig größte Grafschaft Nordirlands, Tyrone, mit der Haupstadt Omagh an. Die Grafschaft wurde 1973 in vier Verwaltungsbezirke aufgeteilt. Vom frühen Mittelalter bis in das sechzehnte Jahrhundert hinein regierten hier die Nachfahren des Niall Noígíallach, nach dessen Sohn die Grafschaft als „Land des Eoghain“ (Tir Eoghain) bennant ist. Südwestlich bildet die sich anschließende Grafschaft Fermanagh die Grenze zur Republik. Der Fluss Erne und seine beiden Seen bedecken einen großen Teil der Landschaft und prägen sie. Gleichzeitig ist Fermanagh auch eine der noch am dichtesten bewaldeten Regionen der irischen Insel. Von der zentralen Grafschaft Tyrone nach Südosten hin erschließt sich das kleine County Armagh. Im Norden grenzt es an den Lough Neagh, im Süden an die irische Grafschaft Louth. Armagh ist eine der am frühesten besiedelten Regionen der Insel, was durch zahlreiche Funde belegt ist. Zur Zeit der Christianisierung wirkte hier der heilige Patrick, der die Stadt Armagh zu seinem Bischofssitz machte. Noch stolzer auf den Nationalheiligen ist man aber im County Down. Es bildet die südöstliche Region Nordirlands zwischen Lough Neagh und Irischer See. Die Hauptstadt Belfast im Norden und die Grenze zur Republik im Süden markieren das Spannungsfeld der Region. Die Mourne Mountains mit dem Slieve Donard empfangen den Schiffsreisenden von der walisischen Küste, der auch der heilige Patrick einst war. Hier zelebrierte er seine erste Messe, hier bekehrte er Tausende von Menschen und hier, in der Stadt Downpatrick, liegt auch die letzte Ruhestätte des Heiligen.

Von Schottland aus dürfte die irische Insel über die Grafschaft Antrim erstmals besiedelt worden sein. Sie zieht sich vom Down von Belfast entlang der malerischen Küste bis zum sehenswerten Naturwunder des Giant’s Causeway. Die Basaltformation erweckt in ihrer geometrischen Regelmäßigkeit den Eindruck, als habe ein himmlischer Steinmetz sich dieses Mosaik erschaffen.

Nachdem eine Galeere der spanischen Armada vor Dunluce Castle an den Klippen zerschellte, war die Burg der Grafen von Antrim fortan mit einer Kanone im Torhaus ausgestattet.

Kilkenny Castle, im zwölften Jahrhundert hoch über dem River Nore als Normannische Festung angelegt, war über Jahrhunderte Herrschaftssitz der Grafen und Herzöge von Ormond aus der Familie Butler.

Die im späten Mittelalter als Franziskanerkloster gegründete Muckross Abbey ist heute nur noch eine Ruine, in deren Kreuzgang sich über die Jahrhunderte eine Eibe ihren Platz gesichert hat.

Muckross House ist eines der typischen Romantik-Schlösser, das sich Adlige und Wohlhabende im neunzehnten Jahrhundert nach historischen Mustern erbauten. Meist liegen die Houses in parkähnlichen Landschaften und an Seen.

Vielleicht die westlichste Weide Irlands. Am „Slea Head“ auf der Halbinsel Dingle trennen nur wenige Meter und ein kleines Mäuerchen die Rinder vom weiten Atlantik.

Roter Backstein, schwarze Schieferdächer, blauer Himmel und grüne Landschaft bilden als Panorama eine Einheit im nordirischen Downpatrick.

Seite 99: Auf einem Hügel am Rande des Mount Stewart Gardens steht der Temple of the Winds. Der achteckige Pavillon nach dem Vorbild mediterraner Bauten wird gerne als Ort für Hochzeitsfeiern ausgewählt.

Im Nordwesten Irlands, im County Leitrim, steht Parke's Castle, ein befestigtes Manor House, das Roger Parke 1610 errichtete und das sich an eine Burg aus dem 15. Jahrhundert anlehnt.

Seite 102/103: Dog's Bay bei Roundstone in Connemara kann ebenfalls mit einem weitläufigen Sandstrand aufwarten.

Flüsse und Seen

Lebensader des irischen Inlandes, Lebensraum für Lachse und Forellen, Namensgeber für Städte und einen Flughafen: Irlands Hauptfluss Shannon.

Irland ist weiträumig von Flüssen und Bächen durchzogen, etliche große und unzählige kleine Seen und Tümpel machen die Insel erst zum viel bewunderten immergrünen Naturraum. Aufgrund des porösen Kalksteinuntergrundes hat sich in weiten Teilen des Landes ein unterirdisches Verbindungsnetz zwischen den Gewässern des Landes herausgebildet. Über weite Strecken durchstreifen die Flüsse in gemächlichem Tempo sumpfiges Marschland, um sich erst im Mündungsgebiet in größere und schneller fließende Wasserstraßen zu verwandeln. Einige Flüsse ergießen sich auch über kleinere kaskadierende Wasserfälle ins offene Meer. Als erster Fluss wendet sich im Südwesten des Landes der nur 32 Kilometer lange Roughty dem Atlantik zu, ab der Mündung wird die Bucht zwischen den Halbinseln Beara und Iveragh auch Kenmare River genannt und läuft nochmals über 40 Kilometer der offenen See entgegen. Noch kürzer mit ganzen sechs Kilometern ist der River Corrib, der die Verbindung zwischen dem Lough Corrib und der Bucht von Galway darstellt. Im Lough Corrib bekommt er Verstärkung durch den gut 100 Kilometer langen Clare. Südlich von Sligo enstpringt der Moy in den Ox Mountains. Er umrundet den Gebirgszug im Süden, um an seiner Westseite geradewegs nordwärts bei Ballina ins Meer zu fließen. Der Moy gilt als der fruchtbarste Fluss Irlands, was die Lachsfischerei anbelangt, die hier ganzjährig möglich ist.

Nördlich der Blue Stack Mountains fließen der Swilly und der Foyle ungefähr parallel in nördliche Richtung. Beide Flüsse münden in die gleichnamigen Loughs und umschließen so die Halbinsel Inishowen. Der Foyle bildet so die heute nicht mehr spürbare westliche Grenze Nordirlands zur Republik mit der Grafschaft Donegal.

Der längste Fluss Nordirlands ist der Bann mit 129 Kilometern. Er entspringt in den Mourne Mountains im Südosten Irlands und fließt durch den Lough Neagh nach Norden, um bei Coleraine ins Meer zu gelangen. In gewisser Weise teilt der Fluss Nordirland in den östlichen, industrialisierten Teil mit dem Großraum um Belfast und die eher ländlichen Gebiete im Westen. Verstärkt wird der Bann ab dem Lough Neagh durch den Zustrom anderer Flüsse, so zum Beispiel des 80 Kilometer langen Blackwater, der durch die Grafschaft Monaghan fließt und dort die südliche Grenze zur Republik Irland markiert.

Der Fluss Lagan entspringt in den Slieve Croob Mountains und ist der romantische Wasserweg durch die Grafschaft Down bis hinunter zur nordirischen Hauptstadt Belfast. Dort wird er verstärkt durch den kleinen Fluss Farset, der heutzutage unterirdisch durch die Stadt geführt wird. Zusammen enden die beiden Flüsse in der Bucht von Belfast, die sich zum Nordkanal hin öffnet.

Im Nordwesten der Insel entspringt in den Bergen nahe der Bucht von Sligo Irlands größter Fluss, der Shannon. Unbegradigt windet er sich durch die drei Seen Lough Allen, Lough Ree und Lough Derg auf 260 Kilometer Länge seiner Mündung bei Limerick entgegen. Von hier aus verläuft die Bucht des Shannon nochmals 113 Kilometer westwärts, bis sie sich in den Atlantik öffnet. Der Shannon wird in seinem Verlauf von den fünf Flüssen Boyle, Suck, Brosna, Inny und Deel sowie etlichen kleineren gespeist. Über den Shannon-Erne-Waterway ist der Fluss mit der Gegend um Lough Erne verbunden, die auch die irische Seenplatte genannt wird. Der 1789 begonnene Royal Canal trifft bei Longford auf den Shannon und verbindet ihn mit dem Fluss Liffey und der Hauptstadt Dublin. Bereits 1755 war mit dem Bau des Grand Canal begonnen worden, der ebenfalls vom Liffey aus über die Midlands führt und bei Shannon Harbour, rund 30 Kilometer südlich von Athlone, in den Shannon fließt. Kurz vor der Mündung bei Limerick überwindet der Fluss beim Wasserkraftwerk von Ardnacrusha mehr als 30 Meter Höhe und erreicht den Meeresspiegel. Irlands größter Fluss bietet Anglern die schier unendliche Gelegenheiten, Forellen, Barsche, Hechte und natürlich Lachse zu fangen. Aufmerksam und gastfreundlich, wie Irland ist, wurden sogar einige rollstuhltaugliche Angelplätze geschaffen. Wer tiefer in die Natur eindringen und sich selbst den Platz seiner Wahl abseits der Hauptorte suchen will, der kann sich in Irland

Pfundskerle
Als Geheimtipp zur Information gilt unter Angelfreunden das „Irish Specimen Fish Committee“. Jährlich veröffentlicht das Komitee eine offizielle Liste der Rekordfänge. Auf der Internetseite des Komitees zeigen erfolgreiche Angelsportfreunde mit Stolz ihre Fänge. Und anhand der offiziellen Liste suchen sich Trophäenjäger entsprechend ihren nächsten Angelplatz aus. Wer auf der Jagd nach einem Prachtexemplar erfolgreich war, kann seinen Fang mit einem offiziellen Formular, einer bestätigten Gewichts- und Längenprüfung sowie Fotos zur Registrierung einreichen.

ein Haus- oder Angelboot mieten. Dazu sind in den meisten Fällen weder ein Bootsführerschein noch besondere Vorkenntnisse notwendig.

Im Osten der Insel schlängelt sich der Liffey aus den Wicklow-Bergen kommend in einem Nordost-Bogen um den Süden der Hauptstadt, um sie dann von West nach Ost in Richtung Irischer See zu durchqueren. Der Fluss hat ein Länge von 90 Kilometern und speist sich zuvor aus drei kleineren Flüssen. Das Gegenstück zur Südseite der Wicklows ist der River Slaney. Er entspringt auf dem Berg Lugnaquillia in 962 Meter Höhe und macht einen Schlenker westwärts, bevor er sich nach Süden wendet, um nach 118 Kilometern bei Wexford seine Mündung zu erreichen. Auf den letzten Kilometern unterliegt der Fluss dabei schon den Gezeiten der See. Ähnlich dem Liffey, allerdings in größerem Abstand, zieht der Boyne, aus der Gegend nördlich von Kildare kommend, einen Halbkreis um Dublin, um bei Drogheda in die Irische See zu münden. Unterwegs passiert er auf rund 110 Kilometern zahlreiche historische Stätten des Landes, darunter auch

Schon in der Steinzeit boten die Ufer des Boyne dem Menschen einen beschaulichen Siedlungsraum.

das zum Weltkulturerbe zählende Steinzeitgrab von Newgrange, im Irischen auch „Brú na Bóinne“, Siedlung am Boyne genannt.

Durch das mittelalterliche Städtchen von Killkenny zieht sich der Nore. Zusammen mit dem Barrow und dem Suir bildet er ein Dreigestirn, das sich in Waterford vereint in die Keltische See an der Südküste Irlands ergießt.

Im Südwesten durchschneidet der Lee in seinem Sandsteinbett die Grafschaft Cork auf 90 Kilometer Länge, um in der zweitgrößten Stadt Irlands den Weg in die Keltische See zu finden. Dammbauten haben in der Vergangenheit dazu geführt, dass über weite Strecken der Bestand an Lachsen dramatisch zurückgegangen war, der mühevoll neu angesiedelt werden musste. Als einer der besten Fischgründe für Lachs und Forelle gilt der Blackwater, der in den Grenzlandbergen zwischen den Grafschaften Kerry und Cork entspringt und rund 140 Kilometer geradlinig ostwärts fließt, bevor er seinen Kurs abrupt im rechten Winkel ändert und die letzten 25 Kilometer nach Süden in die Bucht von Yougal strömt.

Der River Nore wurde schon von den Wikingern bis ins Landesinnere befahren.

DIE SEEN DER IRISCHEN INSEL

Die Mehrzahl der irischen Seen finden sich im Norden und Westen des Landes an den Rändern der verschiedenen Gebirge. Sie sind entweder durch eiszeitliche Verschiebungen und Gletscherschmelze zustande gekommen oder wurden im Laufe der Jahrtausende von Flüssen ausgegraben und aufgefüllt. Der größte See Irlands und auch der Britischen Inseln ist der Lough Neagh, gerade einmal 30 Kilometer westlich von Belfast gelegen. Der fast quadratische Frischwassersee mit rund 400 Quadratkilometern ist trotz seiner Größe nur rund 12 Meter tief und speist sich aus einer Reihe von Flüssen, während der Bann ihn zum Norden hin verlässt und das Wasser zum Meer führt. Der See ist mit einem Anteil von 40 Prozent Nordirlands größtes Trinkwasserreservoir. Der Legende zufolge soll der Riese Finn MacCool den See erschaffen haben, als er sich ein Stück Land aus der irischen Insel herausgriff und nach einem schottischen Riesen warf. Der Brocken landete jedoch in der Irischen See und soll heute die Isle of Man sein. Besonders Aalfischer schätzen den See wegen seiner reichhaltigen Fanggründe. Südwestlich von Belfast zieht sich über eine Länge von 26 Kilometern auf durchschnittlich 6 Kilometer Breite der Strangford Lough hin. Er ist eigentlich ein Einschluss der Irischen See und zu ihr hin im Süden durch einen schmalen natürlichen Kanal offen. Dadurch bedingt sind im See Austern zu finden, die in lokalen Restaurants als Delikatesse angeboten werden. Die Kegelrobbe ist im Strangford Lough ebenso zu Hause wie Scharen von Ringelgänsen, für die hier ein Schutzgebiet eingerichtet ist. Westlich des basaltüberzogenen Küstenabschnitts der Grafschaft Antrim und direkt nördlich der Stadt Derry liegt der 26 Kilometer lange Lough Foyle, der vom gleichnamigen Fluss gebildet wird. Der See verengt sich am nördlichen Ende Magilligan Point auf einen Kilometer Breite und kann dort mit einer Fähre in weniger als 10 Minuten überquert werden. Das größte zusammenhängende Seengebiet der irischen Insel bilden der Lower Lough Erne und der Upper Lough Erne. Während der Lower Lough am Nordufer rund 30 Kilometer am Stück lang ist und eine Tiefe von 60 Metern erreicht, besteht der Upper Lough aus einer unüberschaubaren Zahl von Windungen des gleichnamigen Flusses und generiert so auf einer Strecke von 20 Kilometern eine fantastische Seenplatte, die durch den Fluss Erne über eine Distanz von 15 Kilometern mit dem eigentlichen See, dem Lower Lough, verbunden ist. Der Wasserstand im Upper Lough ist vergleichsweise niedrig und auf Resten eiszeitlicher Geröllhalden sind weit über 100 Inseln entstanden, die ein wahres Vogelparadies darstellen. Die Stadt Enniskillen liegt zwischen beiden Seen, die sehr gut erhaltene Burg, deren Fundamente bis auf das fünfzehnte Jahrhundert zurückgehen, beherbergt heute ein historisches Museum.

Zahllose kleine Bäche und Flüsschen wie dieser im County Kerry führen den größeren Flüssen frisches Wasser aus den Bergen zu.

Lough Allen, Lough Ree und Lough Derg sind die drei Seen, denen der Shannon am Ende seiner langen Reise die Wassermassen verdankt. Ihre Abfolge am Fluss entspricht ihrer Größe. Während Lough Allen mit 18 mal 5 Kilometer noch überschaubar ist, kommt Lough Derg als größter und südlichster aller größeren Seen auf eine Länge von 40 Kilometern, ist bis zu 13 Kilometer breit und 36 Meter tief. Über den Shannon erreichten Ende des achten Jahrhunderts die Wikinger den Lough Ree. Der sagenumwobene Häuptling Thorgil soll hier eine Festung errichtet haben, von der aus er Raubzüge bis weit ins Landesinnere unternahm.

Der Lough Corrib im Westen der Grafschaft Galway ist mit rund 200 Quadratkilometer Fläche der zweitgrößte See der Insel. Er trennt die landschaftlich bezaubernde Connemara-Halbinsel vom Landesinneren. Der 50 Kilometer lange See ist eine Hochburg des Fliegenfischens, die mehr als 360 größeren und kleineren Inseln machen ihn zu einem wahren Naturmosaik. Auf der größten Insel Inchagoill findet sich neben einer frühchristlichen Kirche, die auf den heiligen Patrick zurückgehen soll, eines der ältesten christlichen Zeugnisse außerhalb Roms. Der „Stein von Luguaedon" datiert aus dem 5. Jahrhundert und ist möglicherweise die romanisierte Neufassung eines alten Ogham-Steins.

Mit typisch irischer Beschaulichkeit bahnt sich der Shannon seinen Weg durch die vier Counties South Offaly, Tipperary Noth, Clare und Limerick. Übersetzt lautet sein Name „weiser alter Mann", entsprechend geduldig und milde begegnet er auch den bootsreisenden Touristen.

Auf Höhe der Stadt Roscommon bildet der Shannon den zweitgrößten der irischen Seen, Lough Ree. Eine romantische Bootspartie im sanften Abendlicht gehört hier zum Pflichtprogramm.

Mediterrane Atmosphäre im Herzen Nordirlands. Der Strangford Lough mit seinem offenen Zugang zur Irischen See ist ein Paradies für Segelbootsbesitzer. Das tiefe, klare Blau des Wassers kontrastiert weiß getünchte Orte und grünes Hinterland.

Seite 112/113: Lough Ree am Abend: Noch weit nach 22 Uhr kann man an Sommertagen die Sonne am Horizont erleben.

Die mittelalterliche Burg „Asford Castle“ am Ufer des Lough Corrib. Die sehr umfangreiche Burganlage wurde im 13. Jahrhundert von einer englischen (damals noch anglonormannischen) Adelsfamilie erbaut und beherbergt heute eines der exklusivsten Fünf-Sterne-Hotels in Irland und ist eine einmalige Sehenswürdigkeit.

Lough Corrib ist Irlands zweitgrößter See und ca. 20 Kilometer nördlich der Stadt Galway gelegen. Der See bietet mit seinem sehr sauberen Wasser viele Gelegenheiten zum Baden und außerordentlich reiche Fischgründe.

Seite 116/117: Im Verhältnis zur Größe der Hauptstadt Dublin ist ihr Fluss Liffey eher ein Flüsschen. Dennoch bietet er reizvolle Uferpromenaden.

Liffey River Cruises

LEARN
TO SAIL

Der Lough Ree in den irischen Midlands ist der zweite der drei großen Seen des Flusses Shannon und der zweitgrößte nach dem Lough Derg. Der Lough Ree Yacht Club, 1770 an diesem See gegründet, ist einer der ältesten Yachtclubs in Irland und der älteste an einem Binnensee gelegene.

Stadt und Land

An einem Samstag wird man in Dublins Grafton Street von den Menschenmassen förmlich mitgeführt. Die irische Hauptstadt ist Tourismusmagnet und Shopping-Ausflugsziel gleichermaßen.

DUBLIN

So geruhsam und beschaulich weite Landstriche Irlands sind, für die Hauptstadt gilt genau das Gegenteil. Dichter Großstadtverkehr, zahllose Pubs und ein pulsierendes Leben auf den Shopping-Meilen prägen das Gesicht der rund 500.000 Einwohner zählenden irischen Hauptstadt. Der Fluss Liffey durchzieht die Stadt und stellt auch heute noch eine Grenze dar: zwischen den eher wohlhabenden und angesehenen Stadtvierteln im Süden und den problematischen und sozial benachteiligten Gebieten am nördlichen Ufer. Vermutlich bereits seit dem fünften Jahrhundert leben Menschen an der Mündung des damals noch viermal so breiten Flusses in einer kleinen Siedlung, die den Namen Áth Cliath trägt, „Furt am Schilfhindernis". Im Jahr 842 erobern Wikinger norwegischen Ursprungs am südlichen Ufer des Liffey die Klostersiedlung Dubh Linn, den „Schwarzen Tümpel". Sie errichten eine Festung und schon bald entwickelt sich die Stadt zum zentralen Umschlagplatz für Sklaven, Silber und Handelswaren, welche die nordischen Eindringlinge auf ihren bis tief ins Landesinnere führenden Raubzügen erbeuteten. Unter Führung des irischen Hochkönigs Brian Boru wehren sich die Kelten, die Wikinger werden 1014 in der Schlacht bei Clontarf vernichtend geschlagen, dürfen jedoch gegen Tributzahlung im Lande verbleiben. Aus dieser Epoche stammt die ab 1030 errichtete Christ Church Cathedral, Dublins ältestes erhaltenes Gebäude. Mit ihrer Invasion in Irland im Jahr 1169 bringen die Anglo-Normannen auch Dublin unter ihre Kontrolle. 1192 wird der Grundstein für die St. Patrick's Cathedral gelegt.

1204 befiehlt König Johann von England, die Stadtbefestigung auszubauen. Der heute noch existierende Südwest-Turm von Dublin Castle ist steinerner Zeitzeuge dieser Epoche. Die Stadt hatte dazumal rund 10.000 Bewohner, wiederkehrende kriegerische Auseinandersetzungen mit irischen Fürsten sowie die Pest verschonen allerdings auch Dublin nicht. 1592 lässt Königin Elisabeth am Platz eines ehemaligen Augustinerklosters das Trinity College als erste irische Universität errichten. Die Bibliothek mit ihrem 65 Meter langen Saal ist sicher die größte Touristenattraktion. Neben rund 200.000 Büchern werden hier auch die älteste erhaltene Harfe Irlands aus dem 15. Jahrhundert sowie das sagenhafte „Book of Kells" verwahrt. Die Blütezeit Dublins begann in der georgianischen Periode ab dem 18. Jahrhundert, noch heute prägen die breiten Straßen, Parks, repräsentativen Wohnhäuser und öffentlichen Gebäude das Stadtbild. Dies mag eine Ursache für die heutzutage enorm hohen Grundstückspreise in Dublin sein.

Belfast-Besucher
Rund sieben Millionen Menschen besuchen mittlerweile jährlich die nordirische Hauptstadt Belfast, zwei Drittel davon aus Großbritannien. Neben den klassischen Tagesausflügen für Shopping-Begeisterte zieht die Stadt am Lagan immer mehr Übernachtungsgäste aus Europa an, die an der Mischung aus Kultur, Events und Nightlife Gefallen finden. Veranstaltungen wie das Film-Festival Mitte April, das Straßentheater-Festival im Mai, das Blues&Jazz-Wochenende im August oder das ebenfalls im August stattfindende Volksfest „Féile Phobail" sorgen für Abwechslung und Leben und locken ein bunt gemischtes Publikum bis hin zu internationaler Prominenz an.

BELFAST

Der normannische Ritter John de Courcy erobert Ende des zwölften Jahrhunderts die östliche Ulster-Region und errichtet 1177 in Belfast eine Burg. Doch bis ins siebzehnte Jahrhundert blieb das ursprüngliche „Béal Feirste" mit seinen rund 1000 Einwohnern nicht viel mehr als seine Wortbedeutung aussagt: „Die sandige Furt an der Flussmündung". Erst mit der planmäßigen Besiedlung durch protestantische Engländer und Schotten unter Jakob I. ab 1609 entwickelt sich der Flecken am Fluss Lagan zum Handelszentrum und wird 1603 zur Stadt erhoben. Knapp zweihundert Jahre später zählt die Stadt bereits 20.000 Einwohner und hat das benachbarte Carrickfergus überholt. Tuch- und Seilmacher sowie der florierende Schiffbau verhelfen der Stadt zum weiteren Aufstieg. Schon 1823 brennen in den Straßen der Stadt Gaslaternen, im Jahr 1912 läuft in der Werft von Harland & Wolff die „Titanic" vom Stapel. Die fortschreitende Industrialisierung lässt das Zentrum des nördlichen Inselteils weiter wachsen, sodass in den Zwanzigerjahren des vorigen Jahrhunderts fast 400.000 Menschen die Stadt bevölkern. 1920 etabliert die britische Regierung Belfast als Verwaltungssitz für das zum Vereinigten Königreich gehörende Nordirland. Die Weltwirtschaftskrise in den Dreißigerjahren führt auch in Belfast zu Armut und Verelendung, während des Zweiten Weltkrieges bombardiert die Luftwaffe Nazi-Deutschlands dreimal den Hafen und die Werftanlagen. Schmerzlich leiden muss die Stadt auch unter den Auseinandersetzungen des Nordirland-Konflikts seit 1969, der erst mit dem

Erst gut 100 Jahre alt ist die Belfast City Hall, das Rathaus der nordirischen Hauptstadt. Vor dem Hauptportal erinnert ein Denkmal an die Opfer des Titanic-Unglücks im Jahr 1912. Das Schiff war in Belfast gebaut worden.

Karfreitagsabkommen von 1998 ein Ende findet. Heute leben rund 300.000 Menschen in der Hauptstadt Nordirlands, die sich nach wie vor durch ihr maritimes Ambiente auszeichnet. Sehenswert sind das städtische Rathaus, die Queens University und die botanischen Gärten. Und auch kulturell erblüht Belfast in den letzten Jahren zusehends. Und moderne Pilgerstätten wie das Castlecourt Shopping Centre genauso wie die Nähe zu landschaftlich reizvollen Urlaubsregionen machen Belfast mittlerweile zum beliebten Tourismus-Ziel. Die Jahrzehnte der Gewalt und Spannungen sind heute nur noch bei den eindrucksvollen Rundfahrten mit den „Black Cab“ genannten Taxis zu erleben, bei denen Besuchern die jüngere Geschichte nahegebracht wird.

DIE STÄDTE DES NORDENS

Am Ufer des Flusses Foyle gründet im sechsten Jahrhundert der heilige Columban ein Kloster, dessen Name Derry sich vom keltischen „daire“ ableitet und ursprünglich einen am Wasser liegenden Eichenhain bezeichnet. Im Zuge der „Ulster Plantation“ wurde die Stadt 1613 in Londonderry umbenannt, um den Besitzanspruch der britischen Krone auch schon im Namen erkennbar zu machen. Dieser Zeit verdankt Derry auch seine einmalige Sehenswürdigkeit, die einzige komplette Stadtmauer der irischen Insel. Traurige Bekanntheit erlangte die Stadt am 30. Januar 1972, dem „Bloody Sunday“. Der unbefangene Besucher heutzutage trifft ein munteres regionales Zentrum mit gut 80.000 Einwohnern an. Damit ist Derry schon die zweitgrößte Stadt Nordirlands.

Beispielhaft für viele irische Städte kann Sligo an der nördlichen Westküste Irlands stehen. Ein Dominikanerkloster aus dem dreizehnten Jahrhundert sowie eine normannische Festung desselben Zeitalters sind die ersten urkundlich nachgewiesenen Siedlungen. Die gesamte Umgebung ist allerdings eine einzige Fundgrube steinzeitlicher Sehenswürdigkeiten, die weit bis in das vierte vorchristliche Jahrtausend datieren. Den neuzeitlichen Besucher empfängt eine verwinkelte Altstadt mit Straßen, die den modernen Verkehr kaum zu bewältigen wissen. Und am Ufer des kleinen Flüsschens Garavogue schließen die gläsernen Kanten des Sligo Hotels eine inspirierend moderne Hafenpromenade ab. Mit rund 18.000 Einwohnern würde eine Stadt wie Sligo in einem großen

Museumsstadt Derry
Das „Museum of Free Derry“ im Bogside-Viertel zeichnet eindrucksvoll die Geschichte der von politisch-konfessionellen Gegensätzen geplagten Stadt nach. Aber nicht nur in die jüngere Geschichte kann man eintauchen, man kann sich auch auf eine Reise durch die irische Historie begeben. Im Workhouse Museum wird die Geschichte der großen Hungersnot und der Auswanderungswelle dargestellt. Das Hafenmuseum ergänzt die Geschichte der irischen Seefahrt. Das im historischen Tower untergebrachte und nach ihm benannte Museum fasst die komplette Entwicklung der Stadt zusammen und widmet sich insbesondere den zahlreichen Kriegen und Schlachten, denen die imposante Stadtmauer bis zum heutigen Tage widerstanden hat.

europäischen Land nicht einmal auf ein eigenes Autokennzeichen verweisen können. In Irland sind es die vielen kleinen Städte vom Zuschnitt Sligos, die zur weitläufigen Natur gleichermaßen Kontrast wie Ergänzung darstellen. Mit gut 70.000 Einwohnern ist die an der Westküste der Insel gelegen Stadt Galway die drittgrößte der Republik Irland und die am schnellsten wachsende. Der Fluss Corrib, im Irischen „Gaillimhe“ gab der Stadt und auch der umgebenden Grafschaft ihren Namen. Nach früher Besiedlung durch die Kelten und Plünderung der Regionen durch die Wikinger im neunten Jahrhundert wird Galway im zwölften Jahrhundert als Festung angelegt. 1484 erhält die gewachsene Siedlung die Stadtrechte. In der Region westlich von Galway gehört die alte irische Sprache noch zum Alltag. Und so treffen über die Jahrhunderte in der Stadt immer wieder Historie und Moderne, Fremdeinflüsse und alte Traditionen aufeinander. Ein Humus, auf dem die Stadt bis heute eine bemerkenswerte kulturelle Vielfalt zelebriert. Nachdem die landschaftlich reizvolle Region Connemara in den vergangenen Jahren bei Prominenten als Rückzugsraum in Mode kam, erleben Stadt und Umgebung allerdings eine kleine Zuwanderungswelle. Wer „in“ sein will, hat in den Hügeln vor Galway sein Wochenenddomizil.

Zweitgrößte Stadt und wichtigster Hafen im Süden der Insel: Cork.

DIE STÄDTE DES SÜDENS

Die Stadt Cork im Süden des Landes ist mit ihren 123.000 Einwohnern die zweitgrößte Stadt der Republik Irland und Hauptstadt des gleichnamigen County Cork sowie der Provinz Munster. Das County Cork bildet als größte Grafschaft Irlands das südwestliche Ende der Insel. Als „ein sicherer Hafen für die Schiffe" weist das offizielle Wappen die südirische Stadt Cork aus.

Die Menschen in der Stadt Cork führen die Wurzeln ihrer Stadt auf ein Kloster zurück, das der heilige Finbar im sechsten Jahrhundert an der Mündung des Flusses Lee gegründet haben soll. Auch die Übernahme durch Wikinger und durch die englischen Normannen haben ihre Spuren in der Geschichte der Hafenstadt hinterlassen, die 1185 vom englischen König Johann die Stadtrechte erhielt. Die Epoche der Tudors wie auch die viktorianische Zeit prägen Grundriss und Bild der Stadt.

Mit seinem Flughafen will das moderne Cork als wichtigstes Ziel an der Südküste Irlands seine Unabhängigkeit von der mächtigen Hauptstadt Dublin unter Beweis stellen. Als Kulturhauptstadt Europas konnte Cork im Jahr 2005 eindrucksvoll mit seiner Vielfalt an Galerien, Museen, historischen Sehenswürdigkeiten und Festivals aufwarten und sich europaweit ins Gespräch bringen.

Das prächtige King John's Castle wacht an der Thomond Bridge über den Shannon, Irlands größten Fluss. An seiner Mündung hat sich die 53.000 Einwohner zählende Hafenstadt Limerick ausgebreitet. Mit gewissem Stolz verweist man in der Stadtgeschichte auf die zwei großen, aber erfolglosen Belagerungen durch die Truppen Wilhelms III. von Oranien im Kampf um die englische Krone. Noch heute ist der „Treaty Stone" zu besichtigen, auf dem der Vertrag von Limerick schließlich die Modalitäten der Machtübernahme durch Wilhelm festhielt. Trotz ähnlich reichhaltiger Geschichte scheint Limerick in vielerlei Hinsicht in krassem Gegensatz zum doppelt so großen Cork zu stehen. Äußerlich durch viel Industrie geprägt, erschließt sich die Hauptstadt der „Gaelic Games" Hurling und Rugby erst bei näherer Betrachtung. Unzweifelhaft günstig ist die Lage als Verkehrsknotenpunkt zur Erkundung des weiteren Umlandes mit seinen vielfältigen Touristenattraktionen.

Die Südküstenstadt Waterford mit ihren 45.000 Einwohnern gilt als älteste Stadt der Insel. Sie wurde als Wikingersiedlung nahe dem Zusammenfluss der Flüsse Barrow und Suir vermutlich im Jahr 914 gegründet und dürfte damit tatsächlich Irlands älteste Stadt sein. Auf das Jahr 1088 lässt sich der Reginald's Tower datieren, das älteste erhalten gebliebene städtische Bauwerk Irlands. Im Laufe der Jahrhunderte entwickelte sich Waterford zur wichtigsten Hafenstadt im Süden und rangierte mit der Kapazität seiner Werften sogar auf Rang zwei nach Belfast. Seit dem achtzehnten Jahrhundert ist die Stadt auch berühmt für kunstvoll gefertigte Glaswaren, die in alle Welt exportiert wurden. Im ehemaligen Kornhaus ist heute ein Museum eingerichtet, das kunstreiche Stücke eines ganzen Jahrtausends versammelt. Waterford und seine Region sind aufgrund der reizvollen Sandstrände im Südwesten Irlands auch beliebte Wochenend-Ausflugsziele für die Iren aus der Region Dublin.

Zweistockige Hauser in abwechselnd bunten Farben sind das typische Straßenbild irischer Städte. In diesen Vierteln wohnten und wohnen die einfachen Leute.

Obwohl Irland über weite Strecken ländlich geprägt und dünn besiedelt ist, findet man noch in den abgelegensten Winkeln ein kleines Dorf, eine Handvoll Häuser oder zumindest ein einzelnes Gehöft. Gelegentlich passiert man einen verlassenen Friedhof oder die namenlose Ruine, die ein kleiner Landadeliger hinterließ, der hier im Mittelalter sein überschaubares Refugium hatte. Und selbst dort, wo einmal weit und breit kein Dach und keine Behausung in Sicht ist, zeugen die mit den traditionellen Steinmauern oder durch Zäune eingefriedeten Weiden der Schafe und Rinder von der zart kultivierenden Hand der irischen Landbevölkerung. In den kleinen Dörfern ist meist nur das Nötigste an Infrastruktur anzutreffen. Ein kleiner Laden, der auch Poststelle ist, bildet oft das Zentrum, den Kirchturm in Sichtweite. Gelegentlich hält ein Überlandbus, auf das Vorhandensein einer Tankstelle sollte man nicht vertrauen. Dafür gibt es jedoch eine Menge hilfsbereiter Menschen, die auch wochentags im Ort und auf der Straße anzutreffen sind. Eine Stärke Irlands ist der soziale Zusammenhalt auf den Dörfern und in den Kleinstädten des Landes.

HOUSES UND COTTAGES

Zu den viel besuchten Reisezielen Irlands gehören die mondänen Landhäuser, die ab dem siebzehnten Jahrhundert, hauptsächlich aber im georgianischen Stil bis zur Mitte des neunzehnten Jahrhunderts außerhalb der Städte und verdichteten Siedlungsräume entstanden. Mal dienten sie als Altersruhesitz oder Sanatorium, ein andermal wurden sie bewusst für repräsentative Veranstaltungen, als Reiterhof oder Jagdsitz konzipiert. In aller Regel sind die Houses zwei- bis dreistöckig und als symmetrische Längsbauten oder mit quer zueinanderstehenden Flügeln angelegt. Die Bezeichnung als „Häuser" ist dabei in den meisten Fällen eine Untertreibung; die außen wie innen großzügig gestalteten und teilweise reich verzierten Gebäude kommen schon eher den Schlössern nahe, in denen sich ihre Besitzer ansonsten aufhielten. Entsprechend sind die Houses meist mit großflächigen Parkanlagen umgeben, wie sie in einer Stadt kaum möglich wären. Teilweise gehören noch Stallungen, Wirtschaftsgebäude oder landwirtschaftliche Einrichtungen dazu. Viele Houses in Irland werden heutzutage als Gästehäuser für Reisende mit gehobenen Ansprüchen (oder einfach nur der Lust auf ein klein wenig Dekadenz) geführt. Darunter befinden sich auch vereinzelt ehemalige Burgen, Schlösser oder Abteien, die im Laufe der Zeit zu einer weltlichen Nutzung fanden.

Im 18. Jahrhundert als pompöser Landsitz mit großzügiger Parkanlage errichtet: Belvedere House bei Mullingar in West Meath.

Als reizvoller Kontrast stellen sich demgegenüber die weit verbreiteten Cottages dar. Ursprünglich handelt es sich dabei um kleine, einfache Bauern- oder Gesindehäuser, die oft aus nur einem Raum bestanden. In früherer Zeit waren die Cottages mit Reet gedeckt und weiß getüncht, ein Erscheinungsbild, das heutzutage wieder in Mode kommt. Mitunter werden sogar bewusst Neubauten in den Touristenregionen in diesem Stil errichtet. Ähnlich den Houses tendierten spätere Bauherren auch zur Untertreibung. Vieles, was heute Cottage heißt, hätte eher den Namen House verdient, wiewohl diese als prächtige Landsitze zumindest die Bezeichnung „Manor" führen sollten. Dennoch findet man auf der Insel noch zahlreiche originalgetreue Cottages, die mit ihrer altertümlichen Beschaulichkeit, in der sie sich am Wegesrand ducken, eine unvergleichliche Romantik des schlichten Landlebens hervorzaubern.

Drei Räume, eine Tür, ein Dach und zwei Schornsteine; das typische Cottage glänzt durch Bescheidenheit und schlichte Zweckmäßigkeit.

Seite 128/129: Für rund 200.000 Pfund von 1781 bis 1791 erbaut: das Custom House in Dublin. Es ist das wichtigste Gerichtsgebäude Irlands und beherbergt den Obersten Gerichtshof. Im Irischen Bürgerkrieg des Jahres 1921 fiel die gesamte Inneneinrichtung einem Brandanschlag der IRA zum Opfer.

Die eiserne Fußgängerbrücke über den Liffey aus dem Jahr 1817 verdankt ihren volkstümlichen Namen dem ehemaligen Brückenzoll: Ha'penny Bridge (Half-penny) in Dublin.

Auf die Neugestaltung des Einkaufszentrums Victoria Square ist man in Belfast stolz. Für die nordirische Hauptstadt ist das moderne Gebilde im historischen Stadtkern Symbol der Zukunft.

An Größe kann es die protestantisch-presbyterianische Kirche in der Strand Road am Innenstadtrand von Derry nicht mit den katholischen Gotteshäusern aufnehmen.

Irlands Küsten sind auch ein beliebtes Ziel für alle Wassersportler. Surfer und Wellenreiter finden zum Beispiel vor der Halbinsel Dingle oder an der Brandon Bay optimale Bedingungen für ihren Sport.

Im Killarney National Park auf der Halbinsel Iveragh ist man stolz auf den alten und vielfältigen Bestand an Laub- und Nadelgehölz.

Seite 137: Rund zwanzig touristisch erschlossene Wasserfälle auf der irischen Insel locken die Menschen in die ansonsten oft unberührte Natur.

Vielfältig ist der Bewuchs der Felsen in der Bergen an der Westküste. Bunte Wildblumen, Moose, Farne und Flechten aller Art finden hier optimale Lebensbedingungen.

Seite 138: Einer der beliebtesten Aussichtspunkte im County Kerry: Ladie's View lädt zum Verweilen, Fotografieren und Träumen ein.

Die Grüne Insel – Irlands Natur

Das inoffizielle Nationalsymbol irischer Gartenbesitzer: die Palme.

Die Grundzüge der irischen Natur sind nachhaltig beeinflusst von der letzten großen Eiszeit, die vor rund 11.500 Jahren zu Ende ging. In dieser Periode war fast ganz Irland von Gletschern bedeckt, mit deren Abschmelzen die Insel sich auch vom europäischen Kontinent löste. Die meisten Pflanzen auf der irischen Insel sind kontinentaleuropäischen Ursprungs, wenngleich die frühe Trennung vom Festland der Natur in Irland für lange Zeit ein reduziertes und überschaubares Eigenleben bescherte. Einige Besonderheiten jedoch müssen aus dem Mittelmeerraum und über Grönland und Island auch aus Nordamerika nach Irland getragen worden sein. Bis in das siebzehnte Jahrhundert hinein war die Insel von dichtem Laubwald geprägt. Rund zweihundert Jahre später hatte sich die menschliche Zivilisation einen nahezu kompletten Kahlschlag geleistet. Nur noch ein Prozent der Insel war mit Bäumen bewachsen, die alte irische Eiche drohte unterzugehen. Mit mühevollen Anpflanzungsprogrammen versucht man heute, der Natur wieder ein anderes Gesicht zu geben. Dabei werden jedoch hauptsächlich aus Alaska stammende und schnell wachsende Fichten angepflanzt, sodass heute wieder rund acht Prozent des Landes bewaldet sind. Wo sonst in früheren Zeiten Wald stand, breiten sich feuchtgrüne Wiesen und Torfmoore als Mantel über das Land. Auf diesem fruchtbaren Untergrund gedeiht eine Vielzahl von Krautpflanzen und Bodendeckern, so zum Beispiel die Irische Glockenheide, das Wolfsmilchkraut oder andere Heidekräuter. Dazwischen treiben aber auch besondere Pflanzen wie der fleischfressende Sonnentau, der Fingerhut, das Bergsandglöckchen oder die Gelbe Moorlilie ihre Blüten. Meist in der Burren-Region anzutreffen ist die einzigartige Irische Orchidee. Vermutlich aus dem Mittelmeerraum eingeführt wurden der Johannisbrotbaum und der Erdbeerbaum mit ihren exotisch anmutenden Früchten. Generell fühlen sich knorrig wachsende Baumarten und Sträucher auf der Insel wohl, so auch die Vogelbeere, der Schwarzdorn, die Traubenkirsche oder die Fuchsie.

Wie geschaffen sind die irischen Witterungsverhältnisse natürlich auch für alle Arten von Weide. Der Hexenbaum, wie er seit dem Mittelalter heißt, liebt die Nähe zum Wasser und feuchte Böden. Dem Menschen ist er seit Jahrhunderten nicht nur Lieferant seiner biegsamen Äste und Zweige zur Korbflechterei, auch die medizinische Wirkung seiner Rinde als fiebersenkendes Mittel wird von alters her geschätzt.

Von dominierender Präsenz ist in vielen Teilen des Landes der Ginster. Mit seinen weithin leuchtenden gelben Blüten säumt er die Hügelketten entlang der Küste genauso wie im Landesinneren. Die Pflanze wächst nicht besonders hoch, dafür aber umso dichter und flächiger. Ebenfalls häufig anzutreffen ist der Rhododendron. Vor allem in künstlich angelegten Gärten wird der rötlich-lilafarbene oder weißblühende Strauch als Zierpflanze geschätzt. In freier Natur stört er mittlerweile allerdings deutlich das Gleichgewicht und nimmt durch seinen dichten Wuchs anderen Pflanzen und jungen Bäumen den Raum. Auf den Friedhöfen des Landes darf wiederum die Eibe nicht fehlen. Das kiefernartige Niedriggehölz kann bis zu 1000 Jahre alt werden und verströmt einen typischen durchdringenden Geruch, der etwas von seiner Giftigkeit für Mensch und Tier andeutet. Als deutlichsten Kontrast zur Eibe findet man in fast jedem irischen Vorgarten die unterschiedlichsten Arten von Palmen. Was im ersten Moment noch einen irritierenden Anblick bietet, wird für den Irland-Reisenden schon bald zur Normalität: Palmen stehen allein oder in Gruppen, im Landesinneren genauso wie an der scheinbar rauen Atlantikküste. Die tropischen Gewächse lieben das milde Klima der Insel und gedeihen ohne besondere Pflege auch in der freien Natur. Den Iren sind sie mittlerweile fast zu dem geworden, was dereinst die Eiche einmal gewesen sein muss – der kennzeichnende Baum des Landes.

Heidekräuter und Liliengewächse erobern sich auch unwegsamen Untergrund wie dieses Weidemäuerchen.

Bewundern kann man die floristische Vielseitigkeit der Insel besonders in den großen Nationalparks des Landes oder in den unzähligen privaten und öffentlichen Gärten, die über das ganze Land verstreut liegen. Ob als großzügig und kunstvoll angelegte Repräsentativgärten um die Landsitze des echten und des Geldadels oder als weitgehend unberührte Refugien der Wildnis, Irlands Parks sind beliebte Reiseziele für den naturverbundenen Menschen.

Die Silbermöwe ist an allen Küsten Mittel- und Nordeuropas verbreitet. Sie ernährt sich überwiegend von Fischen, Muscheln und Krebstieren. Die Jungvögel verlieren ihr braungeflecktes Federkleid mit der Geschlechtsreife im Alter von vier Jahren.

DIE TIERWELT IRLANDS

Die Tierwelt Irlands fällt mit rund 30 verschiedenen Arten von Landwirbeltieren vergleichsweise bescheiden aus. Maulwürfe gibt es überhaupt nicht und Mäuse nur in zwei verschiedenen Arten. Vielleicht gibt es auch deshalb das europaweit verbreitete Mauswiesel nicht, der auf der irischen Insel verbreitete Marder ist das Hermelin. Ansonsten tummeln sich in vielen Büschen Hasen und Igel genauso wie Füchse und Eichhörnchen. In den wenigen Wäldern gibt es Rotwild und Dachse, wohingegen das letzte Wildschwein spätestens im siebzehnten Jahrhundert am Spieß gebraten wurde. Das größte irische Landsäugetier, der Irische Elch, war bereits zweitausend Jahre früher verschwunden. Das einzige Reptil der Insel ist eine Eidechsenart. Auch Schlangen kommen in Irland von Natur aus nicht vor. Der Legende nach soll der heilige Patrick sie dereinst mit einem Bann belegt haben.

Was Feldern und Wäldern an Artenreichtum abgeht, wird durch die üppige Bevölkerung von Bächen, Flüssen, Seen und des Meeres vielfach aufgewogen. Zwar existiert nur eine Sorte Molche, dafür ist Irland für Angler ein wahres Paradies. Neben der Forelle findet man in den Binnengewässern vor allem Brassen, Rotaugen, Barsche, Schleie und Karpfen, aber auch Hechte und Aale. Die Krönung ist für viele jedoch der Lachs, der auch die irische Küche bereichert.

An der irischen Küste oder beim Hochseeangeln davor begegnen dem ausdauernden Angler schon einmal Seehunde, Delfine und sogar Killerwale. Der größte Artenreichtum Irlands liegt jedoch förmlich in der Luft. Die Grüne Insel ist nicht nur das Winterziel zahlloser Zugvögel. 135 verschiedene Wildvogelarten brüten in Irland. Die vor der Südwestküste gelegene Felseninsel Little Skellig ist die weltweit größte Kolonie des Basstölpels, eines Meeresvogels, der ebenso auf Helgoland vorkommt. Auch der lustig anmutende Papageientaucher nimmt auf dem schroffen Stein Quartier. Daneben findet man Kormorane und Haubentaucher, im Landesinneren bevölkern Schwäne und Gänse die Seen und auch das Moorhuhn darf in den feuchten Gefilden nicht fehlen. Wer sich gerne erschrecken lässt, sei hier noch auf die vier verschiedenen Fledermausarten auf der Insel hingewiesen. Ständige Begleiter auf der ganzen Insel sind auch die neugierigen Saatkrähen.

Seite 143: An der Südwestküste Irlands keine Seltenheit: Delfine kennen keine Scheu vor dem Menschen und kommen oft in Küstennähe oder sogar bis in die Flussmündungen.

Im nordirischen Glenariff Forest Park ergießen sich viele Fälle aus den unwegsamen Hängen des dichten Waldes.

Im Park der Burg Glenveagh, in Irlands nördlichstem County Donegal, wachsen Palmen und andere tropische Pflanzen. Die warme und feuchte Luftströmung die der Golfstrom von Mexico an die Küsten Irlands treibt, macht es möglich.

Der Fingerhut ist ein vielfach anzutreffendes Farbelement auf grünem Grund.

Der Berg Shehy spiegelt sich im glatten Wasser des See Lough Lein im Killarney Nationalpark. Ein Paradies für alle Naturfreunde.

Irlands Inseln

Blick auf die „Keem Bay“, Achill Island.

Die mehr als 80 Inseln vor der Küste Irlands haben allesamt eine eigene Geschichte zu erzählen, die erstaunlicherweise oft mehrere Tausend Jahre zurückgeht. Megalithische Gräber und keltische Forts zeugen von einer frühzeitlichen und oft durchgängigen Besiedlung. Aber nicht nur für den Menschen boten die felsigen Einsprengsel vor der Küste der Hauptinsel Schutz und Rückzugsraum, auch die Pflanzen- und Tierwelt machte sich die besonderen geografischen Voraussetzungen zunutze. Die rund 30 größeren Inseln sind ganzjährig bewohnt, in der sommerlichen Hauptferienzeit wünscht sich allerdings mancher Bewohner angesichts der Besucherströme an einen anderen Ort, von Rückzugsraum kann für ihn keine Rede mehr sein.

Nicht an Größe und bisweilen stürmischem Panorama, wohl aber an eindrucksvoller Landschaft können es die mehr als 50 kleineren und größeren Inseln des Landesinneren mit den großen Geschwistern draußen im Meer aufnehmen. Inmitten der zahlreichen und oft tief eingeschnittenen Seen bilden sie markante Anziehungspunkte für das suchende Auge. Auch hier finden sich Spuren frühzeitlicher Besiedlung, Türme, Klosterruinen und Kreuze, die vor dem Hintergrund des umgebenden Wassers eine ganz besondere Aura entfalten. Angler, Ornithologen und Romantiker teilen sich diese unbewohnten Kleinode, die man wie von alters her nur mit dem Boot erreichen kann. Wer einmal einen Sonnenuntergang auf einer dieser Inseln erleben kann, der fühlt sich unmittelbar in die mystische Zeit der Elfen, Waldgeister und keltischen Druiden versetzt.

Eine der wenigen Inseln der Ostküste ist das knapp einen Quadratkilometer große und unbewohnte Ireland's Eye vor der Bucht von Dublin. Reste einer mittelalterlichen Kirche aus dem achten sowie ein Kanonenturm aus dem neunzehnten Jahrhundert zieren heute die Nistplätze von Kormoranen, Möwen und Wildenten.

DIE GROSSEN INSELN DES WESTENS

Irlands größte Insel Achill Island liegt vor der Westküste Mayos, auf Höhe des 54. nördlichen Breitengrades. Mit 145 Quadratkilometern ist die Insel ungefähr so groß wie das Stadtgebiet von Bonn, es leben allerdings nur rund 2500 Menschen dort. Über die Michael Davitt Bridge kommt man vom Festland sogar mit dem Auto hinüber. Das Eiland ist bergig und erhebt sich am Slieve More bis auf 671 Meter über dem Meeresspiegel. Gut 80 Prozent der Insel sind von Torfmoor bedeckt, die Haupteinnahmequelle der Inselbewohner nach dem Tourismus ist naheliegenderweise der Fischfang. Im Norden der Insel kann man ein vor rund 150 Jahren verlassenes Dorf besichtigen, daneben hat die Insel neolithische Grabfunde und mittelalterliche Klosterruinen zu bieten. Die meisten Besucher träumen jedoch davon, am westlichsten Punkt Achill Head einmal einen Sonnenuntergang zu erleben. Könnte man von hier aus westlich über den Atlantik schauen, man würde Neufundland sehen.

Noch etwas bekannter dürften allerdings die Aaran Islands knapp 100 Kilometer südlich in der Bucht von Galway sein. Inisheer, Inishmaan und vor allem die Hauptinsel Inishmore bestechen durch die karge Schroffheit ihrer flachen Hochplateaus. Rund 800 Menschen zählt die 14 Kilometer lange und vier Kilometer breite Insel, die mit der Fähre zu erreichen ist. Irisch ist hier die Hauptsprache. Mühevoll ringen die Bewohner dem unfruchtbaren Boden eine Handvoll Kartoffeln zum selbst gefangenen Fisch ab. Auch für Schafe und Rinder gibt es in Irland bessere Plätze. Dennoch eröffnet kaum ein Flecken sonst einen solch weit reichenden landschaftlichen Eindruck. Hinzu kommen etliche historische Sehenswürdigkeiten wie die bronzezeitliche Festung.

Das bronzezeitliche Keltenfort Dún Aengus auf der zu den Aaran Islands gehörenden Insel Inishmore ist teilweise restauriert und bietet seinen Besuchern faszinierende Eindrücke aus einer längst vergangenen Zeit am Rande steiler Meeresklippen.

Dun Aengus, von drei Seiten mit meterdicken Mauern geschützt, im Rücken nur die senkrecht abfallenden Kalksteinklippen, ist eine der beeindruckendsten archäologischen Fundstätten des alten Irland. Inishmaan und Inisheer haben mit 180 und 260 Einwohnern nur eine kleine Bevölkerung und deutlich weniger Besuch zu verkraften, sind mit Sehenswertem jedoch nicht minder gesegnet. Besonders vom am weitesten östlich gelegenen Inisheer kann man einen fantastischen Blick auf die Cliffs of Moher und die kalksteinübersäten Hochebenen des Burren erleben.

Tölpel
Der menschliche Tölpel hat seinen Namen nicht ohne Grund vom gefiederten Vorbild erhalten. Zusammen mit den Pelikanen gehören die Tölpel in die Familie der Ruderfüßer. Beim Gang an Land watscheln sie recht ungelenk umher. In der Luft hingegen gehört der Tölpel zu den Akrobaten. Hier fühlt er sich zu Hause, hier verbringt er die längste Zeit des Tages auf der Suche nach Nahrung im Meer unter ihm. Beim Sturzflug aus 30 Metern Höhe erreicht der Tölpel bis zu 100 Kilometer pro Stunde an Geschwindigkeit, um dann mit seinem scharfkantigen Schnabel Fische aus dem Wasser zu greifen. Zeitweilig bevölkern mehr als 60.000 Tölpel die kleine Felseninsel Little Skellig und machen sie so zur zweitgrößten Brutkolonie des Tölpels weltweit.

SÜDWESTEN UND SÜDEN

Die Inselgruppe der Blasket Islands besteht aus fünf einzelnen Inseln, wovon die Hauptinsel Great Blasket Island rund zwei Kilometer westlich der Halbinsel Dingle in den Atlantik ragt. Im Jahr 1953 wanderten die letzten Bewohner von Great Blasket auf die irische Insel ab und überließen ihr Dorf mit dem malerisch weißen Sandstrand dem Schicksal. Heutzutage ist die Insel als Touristenattraktion mit dem Boot erreichbar, einige Häuser wurden als einfache Ferienunterkünfte für diejenigen restauriert, denen die Einsamkeit in der Natur behagt. Rund vier Kilometer vor Great Blasket liegt mit Tearaght Island der westlichste Punkt Europas. Die unbewohnte Felseninsel beheimatet neben einer Vielzahl von Seevögeln einen automatisierten Leuchtturm. Die irische Regierung hat im Jahr 2007 beschlossen, die Inselgruppe in einen Nationalpark umzuwandeln. Die größere der beiden Skellig-Inseln, Skellig Michael, gehört seit 1996 zum Weltkulturerbe der Menschheit. Die UNESCO betrachtet wohl nicht zu Unrecht die gut erhaltenen Reste einer klösterlichen Siedlung aus dem siebten Jahrhundert, die sich rund 12 Kilometer vor der irischen Küste erhalten haben, als beeindruckendes Zeugnis der damaligen Lebensumstände. Sehr gut erhalten sind einige der steinernen Bienenkorbhütten und Kreuze. Obwohl die Insel im dreizehnten Jahrhundert verlassen wurde, entwickelte sie sich schon bald zur regelmäßig besuchten Pilgerstätte. Zusammen mit der kleineren Insel Little Skellig ist die Insel auch Pilgerstätte für eine Kolonie von mehr als 30.000 Seevogelpärchen aus der Familie der Tölpel. Die südlichste irische Insel Cape Clear ist mit dem Boot in 45 Minuten von der Küste des County Cork zu erreichen. Sie misst eine Länge von 4,8 Kilometern, ist 1,6 Kilometer breit und liegt in Nachbarschaft zur ähnlich großen Sherkin-Insel. Das Klima ist noch etwas milder als auf der irischen Hauptinsel, die 129 Bewohner sprechen Irisch. In den Wintermonaten wird die Insel durch hohen Wellengang und Winde bis Stärke 9 zeitweise vom Fährverkehr abgeschnitten. Dem stehen im Sommer zahlreiche Wassersportangebote für Touristen gegenüber. Und auch an Steinzeitfunden und mittelalterlichem Gemäuer mangelt es wie so oft nicht. Der romantische Leuchtturm auf dem Felsen Fastnet Rock liegt noch einmal zwei Kilometer südwestlich der Insel.

INSELN DES NORDENS

Am nordöstlichen Ende Nordirlands liegt die winkelförmige Insel Rathlin Island. In ost-westlicher Richtung misst sie 6 Kilometer, in nord-südlicher Richtung 5 Kilometer, ist jedoch an keiner Stelle breiter als 1,5 Kilometer und schließt mit einem Leuchtturm in der nordöstlichen Ecke ab. Die reizvolle Mischung aus steilen Basalt- und Kalksteinklippen mit zackigen Felsvorsprüngen im Meer war wohl einer der ersten besiedelten Plätze Irlands, was zahlreiche Funde belegen. Im Jahr 1306 musste Robert the Bruce, König von Schottland, vor den Engländern auf die Insel flüchten und von hier aus hat er wohl sehnsuchtsvolle Blicke nach der nur wenige Kilometer entfernten schottischen Heimat übers Meer geworfen. Von seiner Burg sind heute allerdings nur noch Mauerreste zu sehen. Den heute 95 Einwohnern der Insel war er trotzdem ein willkommener Gast, sorgt er heute doch für eine zusätzliche Einnahmequelle neben der Fischerei.

Inishbofin, vor der Küste des Connemara-Landstrichs im County Galway: ungewöhnlich reich an Fischgründen und fruchtbarem Boden.

Die zwei mal ein Kilometer große Insel Inishbofin vor der Nordküste Donegals wird häufig mit der gleichnamigen Insel vor der Westküste Galways verwechselt. Der Name bedeutet „Insel der weißen Kuh“ und die Einheimischen erzählen dem fremden Besucher zur Herkunft die wunderlichsten Geschichten. Vom weißen Sandstrand bis zu steilen zerklüfteten Klippen hat der kleine Fetzen Land eine enorme Bandbreite an Landschaftseindrücken zu bieten. Elektrisches Licht gibt es für die verbliebenen 35 Irisch sprechenden Einwohner der Insel allerdings erst seit 2002. Im Nordwesten, 12 Kilometer vor der Küste, schließt Tory Island die irische Insel zum Nordatlantik hin ab. Die nur 3 Kilometer lange und einen Kilometer breite Insel wird noch heute von mehr als 130 Menschen bewohnt. Am höchsten Punkt der Insel auf 88 Metern liegen die Fundamente der sagenumwobenen Festung Dún Bhaloir, die auf den einäugigen Riesenkönig „Balor mit dem bösen Blick“ zurückgehen soll. Auf der Insel soll der heilige Kolumban im sechsten Jahrhundert ein Kloster gegründet haben; bemerkenswert ist auch das gut erhaltene Antoniuskreuz in T-Form, wovon es in ganz Irland nur zwei Exemplare gibt. Es dient den Fischern der Insel heute als Versammlungsstätte zum Gebet vor jeder Ausfahrt.

Papageientaucher (Fratercula Arctica)
Der Papageientaucher wird auch Atlantic Puffin genannt. Er gehört zur Familie der Alcidae (Alken). Auf Grund ihrer auffälligen Erscheinung sind Papageientaucher unverwechselbar. Die bunten Schnäbel und das schwarz-weiße Gefieder verleihen dem Papageientaucher ein exotisches Äußeres. Mit einer Körperlänge von 28 bis 34 cm und einer Flügelspannweite von 50 bis 60 cm ist er etwa so groß wie eine Haustaube. Männchen sind etwas größer und schwerer als Weibchen. Wie bei vielen anderen Vertretern der Familie sind Brustband, Oberkopf, Rücken sowie die Oberseite der Flügel schwarz und die Unterseite des Rumpfes weiß.

An Land sind die Papageientaucher mit ihrem watschelnden Gang lustig anzusehen. Sie verbringen aber die meiste Zeit auf dem Meer und es zieht sie hauptsächlich zur Brutzeit an Land. Sie sind sehr gute Taucher und Spezialisten bei der Jagd nach kleinen Fischen. Den Paarungsakt vollziehen sie ebenfalls auf dem Wasser und im Anschluss daran vollführen Sie einen „Hochzeitstanz“, indem sie im Kreis umeinander schwimmen.

Seite 154: Die sogenannten „Skelligs“ sind zwei kleine Felseninseln etwa zwölf Kilometer vor der Küste des Ortes Portmagee im County Kerry. Auf der größeren der beiden Inseln, genannt „Skellig Michael“, wurde im Jahre 588 von Mönchen ein bescheidenes Kloster aus kleinen, runden Steinhütten errichtet, die noch heute zu besichtigen sind. Auch die im Bild zu sehende Steintreppe stammt noch aus dieser Zeit. Im Hintergrund sieht man die zweite Insel, genannt „Little Skellig“, die unbewohnt ist und als reines Naturschutzgebiet ca. 25.000 Brutpaaren von Basstölpeln eine Brutstätte bietet. Auf „Skellig Michael“ gibt es neben vielen anderen Seevögeln auch eine kleinere Brutkolonie von Papageientauchern (siehe Bild oben).

Wolken umfassen die irischen Höhenzüge. Als Sendboten des Regens und nebelwerfende Wucht genauso wie als Theatervorhang, der immer wieder der wärmenden Sonne den ihr gebührenden Auftritt gewährt.

Seite 158/159: Über lange Jahre wurde die private Urlaubsinsel Horse Island vor der Küste des County Cork von einem deutschen Ehepaar bewirtschaftet. Die Insel ist ca. 65 Hektar groß und bietet seinen Besuchern eine sehr ursprüngliche und wildromantische Natur.

Bildnachweis

Einband Vorderseite: Uwe Huchel, Selfkant;
Einband Rückseite: o.l. Marge Simpson/Pixelio, o.r. Uwe Huchel, Selfkant, u.l. Ernst Rose/Pixelio, u.r. Edward White/Fotolia;
Inhalt: S. 2: Pixelsourcing.de: Edward White/Fotolia; S. 6/7: Pixelsourcing.de: Edward White/Fotolia; S. 8: Andreas Scheuermann, Wiesbaden; S. 9: Andreas Scheuermann, Wiesbaden; S. 10: Pixelsourcing.de: Public Domain; S. 11: Andreas Scheuermann, Wiesbaden; S. 12: Pixelsourcing.de: Public Domain; S. 13: Pixelsourcing.de: Public Domain; S. 14: Lensmen Ltd. Press Photo Agency, Dublin; S. 15: Associated Press Photo, Paul Faith; S. 16: Andreas Scheuermann, Wiesbaden; S. 17: Houses of the Oireachtas, Public Relations Office, Dublin; S. 18: Andreas Scheuermann, Wiesbaden; S. 19: Áras an Uachtaráin, Dublin; S. 20: Pixelsourcing.de: Joe Gough/Fotolia; S. 21: Andreas Scheuermann, Wiesbaden; S. 23: Andreas Scheuermann, Wiesbaden; S. 24: Pixelsourcing.de: Daveluce/Fotolia; S. 25: Andreas Scheuermann, Wiesbaden; S. 26: Andreas Scheuermann, Wiesbaden; S. 27: Andreas Scheuermann, Wiesbaden; S. 28: Pixelsourcing.de: Peter Criuckshank/Flickr; S. 30: Andreas Scheuermann, Wiesbaden; S. 31: Andreas Scheuermann, Wiesbaden; S. 32: Andreas Scheuermann, Wiesbaden; S. 33: Andreas Scheuermann, Wiesbaden; S. 34: Andreas Scheuermann, Wiesbaden; S. 35: Pixelsourcing.de: B. Woeste/Pixelio; S. 36: Andreas Scheuermann, Wiesbaden; S. 37: Anne Traynor, Kilbarrack S. 38: Wolfgang Striegel, Tettnang; S. 39: Andreas Scheuermann, Wiesbaden; S. 40: Uwe Huchel, Selfkant; S. 41: Pixelsourcing.de: Sunday/Fotolia; S. 42: Uwe Huchel, Selfkant; S. 44: Anne Traynor, Kilbarrack S. 45: Andreas Scheuermann, Wiesbaden; S. 46: Uwe Huchel, Selfkant; S. 47: Anne Traynor, Kilbarrack S. 48: Uwe Huchel, Selfkant; S. 49: Andreas Scheuermann, Wiesbaden; S. 50: Tourism Ireland Ltd.; S. 51: Uwe Huchel, Selfkant; S. 52: Pixelsourcing.de: Ferdinand Lacour/Pixelio; S. 53: Uwe Huchel, Selfkant; S. 54/55: Uwe Huchel, Selfkant; S. 56/57: Uwe Huchel, Selfkant; S. 58: Pixelsourcing.de: Marcus Stark/Pixelio; S. 59: Pixelsourcing.de: Patricia Wolff/Pixelio; S. 60/61: Pixelsourcing.de: MarinaM/Fotolia; S. 62/63: Uwe Huchel, Selfkant; S. 64: Pixelsourcing.de: Perrodactyle/Fotolia; S. 65: Pixelsourcing.de: Roger Zenner/Creative-Commons; S. 66: Uwe Huchel, Selfkant; S. 67: Uwe Huchel, Selfkant; S. 68: Pixelsourcing.de: Martin Mullen/Fotolia; S. 69: Uwe Huchel, Selfkant; S. 70/71: Mauritius, Mittenwald; S. 72/73: Andreas Scheuermann, Wiesbaden; S. 74: Andreas Scheuermann, Wiesbaden; S. 75: Andreas Scheuermann, Wiesbaden; S. 76/77: Pixelsourcing.de: Stephen Bonk/Fotolia; S. 78/79: Andreas Scheuermann, Wiesbaden; S. 80: Andreas Scheuermann, Wiesbaden; S. 81: Andreas Scheuermann, Wiesbaden; S. 82/83 Uwe Huchel, Selfkant; S. 84: Pixelsourcing.de: Ernst Rose/Pixelio; S. 85: Andreas Scheuermann, Wiesbaden; S. 86: Pixelsourcing.de: US Library of Concres/Public Domain; S. 87: Pixelsourcing.de: Carlosh/Pixelio; S. 88: Westdeutscher Rundfunk, Köln S. 89: Andreas Scheuermann, Wiesbaden; S. 90: Andreas Scheuermann, Wiesbaden; S. 91: Andreas Scheuermann, Wiesbaden; S. 92/93: Mauritius, Mittenwald; S. 94: Andreas Scheuermann, Wiesbaden; S. 95: Andreas Scheuermann, Wiesbaden; S. 96/97: Uwe Huchel, Selfkant; S. 98: Andreas Scheuermann, Wiesbaden; S. 99: Andreas Scheuermann, Wiesbaden; S. 100/101: Pixelsourcing.de: Keith Nolan/Fotolia; S. 102/103: Uwe Huchel, Selfkant; S. 104: Rudolf Christ, Biberach S. 105: Andreas Scheuermann, Wiesbaden; S. 106: Andreas Scheuermann, Wiesbaden; S. 107: Andreas Scheuermann, Wiesbaden; S. 108: Andreas Scheuermann, Wiesbaden; S. 109: www.andrees-angelreisen.de, Niedernhausen; S. 110: www.andrees-angelreisen.de, Niedernhausen; S. 111: Andreas Scheuermann, Wiesbaden; S. 112/113: Pixelsourcing.de: Hermann Eberhardt/Pixelio; S. 114/115: Pixelsourcing.de: Merv Williams/Flickr; S. 116/117: Pixelsourcing.de: jzoran/Fotolia; S. 118/119: Pixelsourcing.de: padraic woods/Fotolia; S. 120: Anne Traynor, Kilbarrack S. 121: Andreas Scheuermann, Wiesbaden; S. 122: Andreas Scheuermann, Wiesbaden; S. 123: Pixelsourcing.de: genvessel/Flickr; S. 124: Cork City Council, Cork S. 125: Uwe Huchel, Selfkant; S. 126: Andreas Scheuermann, Wiesbaden; S. 127: Pixelsourcing.de: Keith Nolan/Fotolia; S. 128/129: Pixelsourcing.de: Marek Slusarczyk/Fotolia; S. 130/131: Pixelsourcing.de: Airi Pung/Fotolia; S. 132: Andreas Scheuermann, Wiesbaden; S. 133: Andreas Scheuermann, Wiesbaden; S. 134/135: Mauritius, Mittenwald; S. 136: Pixelsourcing.de: Ernst Rose/Pixelio; S. 137: Andreas Scheuermann, Wiesbaden; S. 138: Pixelsourcing.de: panimo/Fotolia; S. 139: Uwe Huchel, Selfkant; S. 140: Uwe Huchel, Selfkant; S. 141: Pixelsourcing.de: Sabrina Christiansen/Pixelio; S. 142: Uwe Huchel, Selfkant; S. 143: Uwe Huchel, Selfkant; S. 144/145: Andreas Scheuermann, Wiesbaden; S. 146/147: Mauritius, Mittenwald; S. 148: Pixelsourcing.de: Ferdinand Lacour/Pixelio; S. 149: Mauritius, Mittenwald; S. 150: Pixelsourcing.de: Lukasz Misiek/Fotolia; S. 151: Pixelsourcing.de: Aranislands.com; S. 152: Fáilte Ireland, National Tourism Development, Dublin; S. 153: Fáilte Ireland, National Tourism Development, Dublin; S. 154: Fáilte Ireland, National Tourism Development, Dublin; S. 155: Fáilte Ireland, National Tourism Development, Dublin; S. 156/157: Pixelsourcing.de: Zimous/Fotolia; S. 158/159: Pixelsourcing.de: Ferdinand Lacour/Pixelio